Arthur Maibach

Die Kindergärtnerin von Einigen

Arthur Maibach

Die Kindergärtnerin von Einigen

Genealogisch-Historische Veröffentlichungen

2

Rediroma-Verlag

Bibliografische Information der Deutschen Nationalbibliothek:
Die Deutsche Nationalbibliothek verzeichnet diese Publikation in der Deutschen Nationalbibliografie; detaillierte bibliografische Daten sind im Internet über http://dnb.ddb.de abrufbar.

ISBN 978-3-96103-541-0

www.rediroma-verlag.de
13,95 Euro (D)
15,00 CHF

Inhalt

Einleitung

„Die Kinder liebten sie!“ Mit genau diesen Worten beantwortete meine Frau die Frage, ob sie Maria Ringgenberg kannte.

Maria Ringgenberg, eine Frau die von allen geliebt wurde, eine Kindergärtnerin, die von allen geliebt wurde. Sie war nicht nur „eine“ Kindergärtnerin, sondern „die“ Kindergärtnerin, die nicht nur einen Beruf ausübte, sondern ihre Berufung jeden Tag mit Herz und Seele auslebte. Die vier berühmten Bewohner von Einigen, Gottlieb Häsler, Eduard Wildbolz, Hans Müller Einigen und Prof. Dr. Dr. Dr. Wilder Smith, haben alle in ihrem Bereich Hervorragendes geleistet. Jedoch trug die hervorragende Arbeit von Frau Maria Ringgenberg am meisten Früchte. Jedes Kind, welches das Glück hatte, zur richtigen Zeit in Einigen zu wohnen, wurde während des Kindergartenjahrs hervorragend auf die Schule und das Leben vorbereitet. So gibt es ab sofort fünf berühmte Einiger, wobei Frau Ringgenberg nicht als berühmt, sondern als beliebt eingestuft werden muss.

Das Wort „berühmt“ im Zusammenhang mit Frau Ringgenberg ist ein zu schwacher und der falsche Ausdruck, der nicht zutrifft. Wenn wir uns kurz einmal mit dem Wort „Ruhm“, von dem „berühmt“ entlehnt ist, beschäftigen, erkennen wir schnell, dass dieser Ausdruck nicht mit Maria Ringgenberg in Verbindung gebracht werden darf. Im Herkunftswörterbuch des Duden finden wir zum Wort „Ruhm“ folgendes: *Das im heutigen Sprachgebrauch im positiven Sinne von „hohes Ansehen“ verwendete Wort bedeutete ursprünglich „Geschrei“ (mit dem sich jemand brüstet), Prahlerei und Lobpreisung. So wird das heute gebräuchliche Wort „berühmt“ auch mit prahlerisch genannt.* Etwas, was die Kindergärtnerin von Einigen mit absoluter Sicherheit nicht war. So will ich Maria Ringgenberg nicht zu den berühmten Einigern zählen, sondern zu den beliebtesten. „Die Kinder liebten sie.“ Dabei stellt sich sofort die Frage, warum die Kinder sie liebten. Die Beantwortung auf diese Frage bereitet absolut keine Mühe. Die Kinder liebten sie, weil sie die Kinder liebte. Liebe ist nicht nur ein Wort, Liebe ist ein Gefühl. Kleine Kinder handeln nach dem Gefühl, sie spüren sofort, ob sie abgelehnt, nur akzeptiert, wahrgenommen oder eben geliebt werden. Ja, Frau Ringgenberg liebte die Kinder. Sie übte nicht einen Beruf aus, um Geld zu verdienen und reich zu werden, sondern sie lebte ihre Berufung. Der Beruf Kindergärtnerin war nicht nur eine blosse Erwerbstätigkeit, sondern ein Ausdruck ihrer Liebe zu den Menschen. Mit dieser Liebe zu den Menschen, zu den kleinen Kindern, die bei ihr zum ersten Mal in einer Gruppe zusammenkamen, konnte sie mit ihrer grossen Liebe das wichtigste in den Herzen der Kinder wecken. Mit der Liebe verhält es sich wie mit der Zeit: Je mehr man davon verschenkt, umso mehr erhält man zurück. Es gibt keine grössere Auszeichnung, als geliebt zu werden. Um berühmt zu werden, braucht es Durchsetzungsvermögen, Gegner zur Seite schieben oder vernichten, alles versuchen, um von sich selber gut zu reden und die Gegner schlecht machen, sich durchboxen, kämpfen, über „Leichen gehen", sich mit allen Mitteln in den Vordergrund drängen, Menschen und Existenzen zerstören, nur um den eigenen Ruhm voranzutreiben. Dem gegenüber steht „geliebt" werden. Dazu braucht es kein Geld, kein Erniedrigen von Mitmenschen, keine menschenverachtenden Machenschaften. Keine Macht, keine Machtgelüste, keinen Machthunger, keine Machtgier und Überheblichkeit. Um geliebt zu werden, braucht es nur Liebe. Liebe, die ohne Erwartung und ohne Gegenleistung gegeben wird. Liebe, die aus tiefstem Herzen kommt und tief in die Herzen der Mitmenschen eindringt. Liebe, die in den Herzen der Beschenkten wächst und weitergegeben werden kann. Liebe, die jeder, der diese verschenkt, hundertfältig zurück erhält.

Berühmt oder beliebt

Der Ruhm ist wie ein Glühwürmchen,
Er leuchtet hell von Ferne,
Aber aus der Nähe betrachtet,
Spendet er weder Wärme noch Licht

John Webster

Maria Ringgenberg spendete Licht und Wärme. Sie war kein Glühwürmchen, sie war die Liebe in Person. Nie wollte sie berühmt werden, nie stellte sie sich in den Vordergrund. Sie stellte sich immer hinten an und schob die Kinder nach vorne. Sie lebte nicht für ihre eigene Person, sondern für ihre Aufgabe. Nie wollte sie Ruhm und Ehre auf sich ziehen, sondern den Kindern einen guten Start ins Leben ermöglichen. Und gerade weil sie sich nie in den Vordergrund stellte, nie den Wunsch hatte, berühmt zu werden, stets ihren Schutzbefohlenen den Vorrang liess, wurde sie zu dem, was nur sehr wenige Menschen erreichen. Sie wurde beliebt! Sie wurde von den Kindern geliebt. Sie erhielt die grösste Auszeichnung, welche einem Menschen zu Teil kommen kann. Nicht in Form einer Urkunde, einer Medaille oder Geld. Sie musste sich nicht als Siegerin feiern lassen, aufs Treppchen steigen, welches die Nr.1 trägt, und die Arme in die Höhe heben. Auch musste sie keine komischen Verrenkungen machen und sich von zahlenden Zuschauern bejubeln lassen. Sie war keine gekaufte Berühmtheit. Sie war beliebt. Sie wurde geliebt.

Ruhm ist die Summe der
Missverständnisse, die sich
Um einen Namen sammeln.

Rainer Maria Rilke

Was tun Menschen doch nicht alles, um ein bisschen berühmt zu werden? Doping im Sport ist nur ein „kleines" Vergehen und wird mit einer kurzen Sperre bestraft. Nero brachte seine Mutter um, damit sein Ruhm anschwellen konnte. Sei es der Bau der Pyramide in Ägypten, wo Tausende am Ruhm eines Einzigen arbeiten und sterben mussten, oder sei es der Sklavenhandel, der einigen Staaten und Industriellen Reichtum brachte. Berühmtheit, Ruhm und Ehre braucht stets viele Unterdrückte, welche Einzelne aufs Podest heben. Ob es nun Schauspieler, Politiker, oder Sportler sind, ohne zahlende, staunende, anbetende oder mitgerissene Menschenmassen können keine Berühmtheiten erwachsen. Verdrängen, vernichten, ausbeuten, zerstören, prahlen, sich selber rühmen, immer vorne und oben stehen wollen, ist ein Ziel vieler. Jedoch nur wenige schaffen es. Und die, die es erreichen, hinterlassen oft einen Trümmerhaufen.

Die Jagd nach Ruhm und Ehre ist
Die Verbreitetste von allen
Torheiten dieser Welt.
Michel T. de Montaigne

So musste nach 1945 ein Land neu aufgebaut werden, nur weil einer ein ganzes Volk hinter sich scharen konnte, fünfundsechzig Millionen Menschen auf Schlachtfeldern und in Vernichtungslagern umbrachte, sich selbst erhob und ein ganzes Volk zwang, ihm Heil zuzurufen. Mit dieser Erkenntnis kann das Wort Berühmt absolut nicht mit Ruhm und Ehre in Verbindung gebracht werden. Ja, es gibt viele Leute, die berühmt sind, die alles daran setzen, berühmt zu werden, und dies auch für eine bestimmte kurze Zeit bleiben. Aber ist das erstrebenswert, berühmt zu sein, mit dem Geld von Mitmenschen, die nicht genug haben ihr eigenes Leben zu finanzieren? Berühmt sein durch Unterdrückung und Ausbeutung? Berühmt durch Kinderarbeit in Asien, berühmt durch einen Weg, der mit Leichen gepflastert ist?

Berühmt sein kommt nur der Person, die sich berühmt fühlt oder dazu gemacht wird, zu gute. Berühmt sein ist egoistisch und hilft niemandem. Was jedoch nicht heissen will, dass berühmte Menschen nicht auch beliebt sein können. Es kommt nur darauf an, wie diese mit dem berühmt sein umzugehen wissen. Beliebt sein hingegen ist nicht für sich selbst, sondern für die Mitmenschen. Der beliebte gibt ohne zu vordern, ohne sich in den Vordergrund zu stellen. Wer Beliebt ist, lebt für die anderen, der Berühmte nur für sich selbst.

Demgegenüber lebte eine Frau in Einigen, welche absolut nicht berühmt war. Sie brauchte auch nicht berühmt zu sein. Sie wollte nicht berühmt sein. Sie wollte ihren Dienst an den Kindern tun. Dafür erhielt sie das Höchste, was ein Mensch bekommen kann. Sie erhielt Liebe. Sie war beliebt.

Tulpe

Du chlini Chnolle i mir Hand
Du bisch so still u doch voll Läbe.
Du bruchsch es winzigs Stückli Land
U scho chasch du e Bluemä wärde
Wär het dir d'Form u Farbe gseit?
Wär het das Gheimnis i di gleit?
Mir schtune, rätsle voll Gedanke
U tüe still üsem Herrgott danke,
Dass är die ganzi Bluemäpracht
Uf dere Wält für üs het gmacht.

Maria Ringgenberg

Ballade von Einigen

Von 1969 bis 1984 war Maria Ringgenberg Kindergärtnerin im Alten Schulhaus in Einigen. Fünfzehn Jahre, die für Einigen und dessen Kinder zu einem Segen wurden. Ein Segen, der bis zum heutigen Tag anhält und noch viele Jahrzehnte überdauern wird. Einigen war nicht nur ein Ort, wo sie arbeitete, nein, Einigen wurde sofort zu einem Ort, den sie liebte. Sie beschäftigte sich mit der Geschichte dieses ehemaligen Wallfahrtsortes, mit der Kirche im Paradies und all den Wundergeschichten, die der Kirche, dem Wunderbrunnen und dem heiligen St. Michael zugeschrieben wurden. Obschon sie nicht in Einigen wohnhaft war, fühlte, dachte und lebte sie wie eine echte Einigerin. Sie verstand es, mit kindergerechten Worten das Interesse der Geschichte Einigens zu öffnen und ein tiefes, ehrliches Heimatgefühl zu vermitteln. Niemand würde fünfjährigen Kindern aus der Srtättligen Chronik vorlesen oder daraus erzählen. Sie aber verfasste die „Ballade von Einigen“, nach der Strättligen Chronik von Elogius Kiburger. Mit wenigen Worten weckte sie das Interesse der Kinder für die Zeit, als Einigen noch ein Wallfahrtsort war. Die Ballade erzählt vom Jucki-Brunnen, bei dem viele Menschen durch das heilende Wasser gesund wurden. Aber auch vom heiligen St. Beatus, der, nachdem er auf seinem

Mantel über den See gefahren war, in der Kirche Einigen predigte und vom Teufel unter der Kanzel wie eine Sage zu berichten weiss.

Die Gedichtsart der Ballade ist im 12. Jahrhundert im romanischen Sprachraum entstanden. Eine Blütezeit erlebte sie Ende des 18. Jahrhunderts mit Schillers „Der Taucher“ und Goethes „Zauberlehrling“. Es gab verschiedene Kategorien dieser Gedichtform, eine davon war die Belehrende Ballade. Dazu gehören „John Maynard“ von Fontane, oder „Die Bürgschaft“ von Goethe und „Die Ballade von Einigen“.

Zusammenfassend lässt sich sagen: Eine Ballade ist ein Gedicht, in welchem eine möglicherweise wahre Geschichte erzählt wird. Maria Ringgenberg verstand es, eine kindergerechte Ballade zu schreiben, bei der die Kinder im Sprechgesang einen Teil der Geschichte von Einigen erzählen konnten und auf spielerische Weise mit der Geschichte und den Sagen ihres Dorfes in Kontakt kamen.

Als sie diese Ballade schrieb, besuchten elf Kinder den Kindergarten im Paradies. So textete sie für jedes Kind eine solo-Zeile und einen Refrain, der im Sprechchor von allen miteinander gesprochen wurde. Begleitet wurde die Ballade mit zum Teil selbst hergestellten Perkussionsinstrumenten. So ertönte im Kindergarten zu Einigen schon in den achtziger Jahren ein Rap, der aus vollen Kehlen begeisterter Mädchen und Buben gesprochen wurde. Frau Ringgenberg war der Zeit voraus, wusste aber auch, wie es früher in Einigen war, als Einigen noch mit einem „Z“ ausgesprochen wurde. Obschon nur noch wenige ältere Bewohner von Einigen ihr Dorf noch Zeinigen nannten, hatte sie für die Ballade diesen Wortlaut aufgenommen, wie er zur Zeit Kiburgers um 1445 ausgesprochen wurde.

Ballade von Einigen

Ds Zinige, ds Zinige am Wendelsee
Ds Zinige isch das gsche –
Ds Zinige, ds Zinige am Wendelsee
Ds Zinige isch das gsche –

I alter Zyt vor vielne Jahre
Da si d'Lüt vo wit cho z'fahre
Zum Jucki-Brunne nach bim See
Will früecher dert Wunder si gsche
U wär e Schluck drus trunke het
Ligt nie meh chrank im Bett

Ds Zinige, ds Zinige am Wendelsee
Ds Zinige, isch das gsche –
Ds Zinige, ds Zinige am Wendelsee
Ds Zinige isch das gsche –

I alter Zyt, vor vielne Jahre
Da isch St. Beatus cho z'fahre
Grad uf sim Mantel übere See
Ja, früecher het's no settigs ge
Er isch de Lüt cho Predig ha
Der Tüfel het d'Ziniger nit chönne fah

Ds Zinige, ds Zinige am Wendelsee
Ds Zinige isches gsche –
Ds Zinige, ds Zinige am Wendelsee
Ds Zinige isches gsche –

Das Interesse war nun geweckt und die Kinder wollten genau wissen, wie das mit dem Teufel, dem Juckibrunnen, dem Beatus, der auf dem Mantel über den See fuhr, und dem Wunderbrunen war. Der Wissenshunger war da und konnte nur noch gestillt werden.

Wendelsee wurde der grosse See genannt, der sich von Meiringen bis unterhalb Thun hinzog, bevor das Geschiebe der Bäche das „Bödeli" bildete und zwischen den Seen die Fläche aufschüttete, welches bis zum heutigen Tag „Interlaken" genannt wird.

Der erwähnte Jukibrunnen ist der Brunnen, bei dem die Kirche im Paradies erbaut wurde. Ein Brunnen, dem viele Wunder zugeschrieben wurden und der Einigen für viele Jahre zu einem Wallfahrtsort machte. Blinde Menschen wurden, nachdem sie ihre Augen mit dem Wasser des Brunnens benetzten, wieder sehend. Kranke wurden gesund und gebrechliche konnten wieder gehen.

Auch baute Frau Ringgenberg die Sage vom hl. Beatus in die Ballade ein. Demnach sei Beatus auf seinem Mantel über den See gefahren, um in der Kirche im Paradies, in Einigen, eine Predigt zu halten. An diesem Sonntag war die Kirche sehr gut besucht, jedoch schliefen einige der Kirchenbesucher während des Gottesdienstes ein, was die Grundlage zur folgenden Sage wurde: „Die hart arbeitenden Männer waren oft sehr müde, nachdem sie sechs Tage in der Landwirtschaft gearbeitet hatten. Die Ruhe in der Kirche und die angenehme Wärme liessen viele Augenpaare schliessen und die Predigtbesucher in einen wohltuenden Schlaf versinken. Auf der Kanzel sprach Beatus zur Gemeinde und unter der Kanzel hockte der Teufel und freute sich über jeden, der eingeschlafen war. All diese notierte er sich auf eine Ziegenhaut, um sie in die Hölle zu holen. Da jedoch so viele eingeschlafen waren, erwies sich die Haut als zu klein, um all die Namen darauf zu schreiben. So wollte er durch reissen an der Schreibfläche diese vergrössern, was dazu führte, das dieselbe riss und der Teufel seinen Kopf unten an der Kanzel aufschlug. Der dumpfe, hohle Knall schreckte alle, die eingeschlafen waren, auf und keiner konnte als „Predigtschläfer“ vom Teufel in die Hölle gezogen werden.

Mit wenigen, einfachen Worten konnte Maria Ringgenberg den Kleinen die Sagen und Geschichten lebendig vermitteln.

Einigen-Lied

Frau Maria Ringgenberg liebte ihren Arbeitsort. Sie hinterliess diesem Ort etwas Einmaliges, etwas, das sie immer mit diesem Dorf verbindet. Obschon das Lied verstummte, welches „ihre“ Kinder auf dem Nachhauseweg vom Kindergarten oft aus voller Kehle gesungen hatten, ist es nicht in Vergessenheit geraten. Bei meinen Recherchen für das Buch „Einigen, der schönste Punkt der Welt“, im Jahr 2008, bin ich auf den vergessenen Text gestossen. Ein Lied über Einigen musste in dieses Heimatbuch. Einige Jahre später bat ich den Dirigenten des „Zinigchors“ (Gemischter Chor Einigen) dieses Lied mit dem Chor einzuüben, um es an einer Ausstellung in Spiez zum Thema Einigen zu singen. Der Dirigent kannte das Lied noch aus seiner Kinderzeit, er schrieb es für den Chor um, sodass dieses Lied nun wieder öfters an Anlässen in und um Einigen gesungen wird.

Frau Ringgenberg war auch Komponistin und Texterin. Ihre unermüdlichen Recherchen spiegeln sich in diesem Lied wider, welches sie für „ihre“ Kinder von Einigen und für die Ewigkeit schrieb. Mit grosser Wahrscheinlichkeit wusste sie vom 1950 in Einigen verstorbenen Schriftsteller Hans Müller Einigen, der in seinem Erinnerungsbuch „Geliebte Erde“ Wien die schönste Stadt Europas nannte, Einigen aber den schönsten Punkt der Welt. Sicher fühlte auch die beliebte Kindergärtnerin, dass sie am schönsten Punkt der Welt arbeiten durfte. Nämlich im alten Schulhaus, direkt neben der über tausendjährigen Kirche, an dem Platz, der „zum Paradies“ genannt wurde und immer noch so genannt wird. Aber auch die Kander, der Fluss, der erst ab dem Jahr 1714 in den Thunersee fliesst, wird erwähnt. Im Lied werden auch die Glocken der Kirche besungen und der Himmel auf Erden, eben das Paradies.

Einigen-Lied

Mis Dörfli woni läbe isch der schönscht Fläck uf der Wält
I wett mit niemerem tusche, ou nid um e hufe Gäld.
I ghöre d Kander rusche, im See schpieglet ds Himmelszält,
I bi so glücklich u so froh dass i grad hie grad hie uf d'Wält bi cho.

Mis Dörfli woni läbe, isch dr schönscht Fläck uf der Wält
I wett mit niemerem tusche, ou nid um e hufe Gäld.
I ghöre Glogge lüte, weisch was söll bedüte?

Wed wosch der Himmel uf Ärde gseh, so chum i ds Paradies am Wendelsee.

Kinderzeit in Davos-Platz

In Davos-Platz wurde am 23. Juni 1929 dem Ehepaar Ringgenberg eine Tochter geschenkt. Der Vater, Christian aus Leissigen am Thunersee und die Mutter Anna, mit ledigem Namen Luginbühl aus Krattigen, gaben dem Mädchen den Namen Maria. Nach eineinhalb Jahren wurde dem Berner Oberländer Paar noch eine Tochter geboren, der sie den Namen Sonja gaben. Christian Ringgenberg erlebte seine Kindheit im beschaulichen Leissigen, wo sein Vater eine Schreinerei betrieb, und Anna Luginbühl wuchs in Krattigen in der Mühle auf. Christian hatte es nicht so mit dem Holz wie sein Vater und lernte Koch. Nach seinen Wanderjahren bekam er eine Arbeitsstelle im Sanatorium in Davos-Platz als Küchenchef.

Maria wurde in ihren ersten zwölf Lebensjahren von sehr vielen Eindrücken geprägt, welche sie ein Leben lang begleiteten. Diese Eindrücke, denen die kleine Maria ausgesetzt war, gruben sich tief in ihre zarte Kinderseele ein. Nicht der viele Schnee oder die Touristen, welche Davos besuchten, auch nicht die Lungenkranken, die ihrer Gesundheit wegen die herrliche Bergwelt besuchten, sondern etwas ganz anderes hinterliess wüste Narben. Was sie am meisten prägte, war der aufkommende Rassenwahn, die Diskriminierung der Juden und der Nationalsozialismus, der schleichend im Bergdorf Fuss fasste. Maria bildete sich ihre eigene Meinung, verabscheute Rassenwahn und Ausländerhass, sodass sie sich schon früh entschloss, ihr Leben zum Wohl der Menschen zu führen. Ein Leben für die ganz kleinen Menschen. Ihnen den Weg ins Leben aufzuzeigen, ohne Unterschied zwischen Hautfarbe, Religion und Staatszugehörigkeit. Und vor allem wollte sie ihre unwahrscheinlich grosse Liebe den Heranwachsenden weitergeben. Maria hatte eine schöne Kinderzeit in einem politisch sehr schwierigen Umfeld. So werde ich sehr kurz auf das Eindringen der NSDAP in Davos eingehen.

Davos war nicht nur die höchstgelegenste Stadt Europas, sondern auch ein internationaler Höhenkurort mit jährlich 700'000 Gästelogiernächten, anfangs des 20. Jahrhunderts. Ursprünglich verdankte Davos seine Bedeutung seinem Heilklima. Bereits 1860 öffnete die erste Davoser Fremdenpension, die Kurgäste beherbergte. Der zugewanderte deutsche Arzt Alexander Spengler schuf eine Liegekur für Lungenkranke. Diese Methode machte Davos weltberühmt und wurde im 1924 erschienen Roman „Der Zauberberg“ von Thomas Mann auch literarisch unsterblich gemacht.[1]

Mitte der 1930er Jahre herrschte Krise, auch in der Schweiz, auch in Davos. Man versuchte mög-

[1] Auszüge aus Medientext – Destination Davos Klosters - 2016

lichst neutral und pragmatisch mit den vielen Deutschen und Gästen anderer Nationen im Ort umzugehen, während sich der politische Himmel rundherum verfinsterte. Die Davoser hatten die Auswirkungen der Weltwirtschaftskrise von 1928 unmittelbar zu spüren bekommen, was dazu führte, dass der Nobelkurort sukzessive in einen Volkssportort umgewandelt wurde. Der Wintersportkalender 1935 war prall gefüllt. Je nach Monat hielten sich ständig zwischen 3500 und 5000 ausländische Gäste in Davos auf.

Der Sommer 1935 war besonders kurz und der Winter wurde ausgesprochen hart. Davos versank ab Januar in den Schneemassen und wurde vom Verkehr abgeschnitten. Am 5. und 6. Februar konnte die Rhätische Bahn nicht mehr fahren und die Autostrasse Davos Klosters blieb mangels Schneeräumungsgerät bis Mai zu. Am 6. Februar schrieb Dr. W. Mörikofer, Chef des Obesrvatoriums in den *Davoser Blättern*, dass es seit dem 31. Dezember fast ununterbrochen geschneit habe, 120 Stunden lang, die Gesamthöhe betrage 141 Zentimeter.[2]

Und mittendrin die sechsjährige Maria. Ein kleines Mädchen, welches in den ersten Jahren ihres Lebens nicht nur mit einer gewaltigen Schneemasse konfrontiert wurde, sondern auch geprägt

---

[2] Auszüge aus www.denisschmid.ch/assetes/pdf/b3-davos-1935.pdf 4. August 2018, 16:25 Uhr

mit Eindrücken der besonderen Art, mit Menschmassen aus aller Welt, mit Krankheit und Sport, auch mit verschiedenen Sprachen und Kulturen aus fernen Ländern. Sie bekam in Davos den Machtwechsel in Deutschland vom 30. Januar 1933 mit und zu spüren. Ein Ereignis und die Auswirkungen davon gingen auch an einem heranwachsenden Mädchen nicht spurlos vorbei. Maria musste miterleben wie sich im nördlichen Nachbarland, aber auch in Davos, vieles veränderte, wie der folgende Text von Denis Schmid zeigt: *1935 werden die Konturen des nationalsozialistischen Regimes immer deutlicher. Es ist das Jahr, in dem der Versailler Vertrag langsam ausgehöhlt wurde. Die Wehrpflicht wurde in Deutschland wieder eingeführt, die Luftwaffe gegründet, die Reichswehr in Wehrmacht umbenannt und die Rassenideologie in den Nürnberger Gesetzen festgeschrieben. Davos hatte nicht nur viele deutsche Kur- und Sportgäste, sondern auch deutsche Ärzte, die den Kurbetrieb seit dem 19. Jahrhundert prägten, und hier amtete auch Wilhelm Gustloff als Landesgruppenleiter der NSDAP- Auslandorganisation in der Schweiz.*

Die „Davoser Zeitung" berichtete 1935 fast täglich über Entwicklungen in Deutschland, aber möglichst neutral. Eigene Kommentare waren äusserst selten und wenn, dann waren sie harmlos wie beispielsweise nach der Wiedereinführung der

Wehrpflicht: „Die Wirkung dieses deutschen Schrittes ist im Moment gar nicht abzusehen." Dennoch war eine Form der unterschwelligen Kritik oder zumindest eines Unbehagens wahrnehmbar. Redaktor Dr. K. Kaely nahm indirekt Stellung durch die Auswahl der Meldungen – die Ausgrenzung der Juden ist häufig ein Thema – und druckte immer wieder kritische Kommentare ausländischer Zeitungen ab. Im März und April war beispielsweise der „Fall Jacob" häufig Thema in der „Davoser Zeitung". Am 1. Mai zitierte die Zeitung dazu einen Kommentar der Times: „…dass die Haltung des schweizerischen Bundesrates in allen Ländern, wo die Freiheit noch Geltung habe, begeistert Beifall finde. Die deutsche Regierung, die in ihrem eigenen Lande die Bürgerrechte und die politische Freiheit mit Füssen trete, mache sich keine Vorstellung von der Abscheu, mit dem die Weltöffentlichkeit diese „Heldentaten" der Nationalsozialisten aufnehme." Selbst schreiben hätte Redaktor Laely so etwas nicht.

Zurückhaltung übte er auch gegenüber Wilhelm Gustloff, der sich in Davos darum bemühte, möglichst gesetzeskonform und angepasst aufzutreten. Er warb mit Erfolg um Mitglieder und sorgte dafür, dass mehrere Zellen und Untergruppen der NSDAP in Davos gegründet wurden, beispielsweise ein Standort Bund deutscher Mädel und ein

Standort Hitler-Jugend im Internat Fridericianum. Kundgebungen, Hitlergruss unter Parteigenossen und Hakenkreuzfahnen an Häusern zu deutschen Feiertagen führten zu Unmut in der Davoser Bevölkerung. Darüber wie auch über die Situation der wenigen Juden vor Ort – rund 100 Personen sowie Gäste des jüdischen Sanatoriums Etania – schwieg sich die „Davoser Zeitung" aus. Nur am 11. April erschien eine harmlose Meldung über das Beschmieren und Anbringen einer beleidigenden Inschrift – „Mörder" – auf dem Schild, das zu Gustloffs Haus führte, was als „vollkommene sinnlose Bubenarbeit" bezeichnet wurde. Alles, was Gustloff ausserhalb von Davos tat, wie zu Beispiel seine Auseinandersetzung mit der St. Galler Regierung, interessierte jedoch sehr. Darüber wurde regelmässig, aber ausschliesslich faktisch berichtet.[3]

Wilhelm Gustloff war ein einfacher, biederer Bankbeamter aus Schwerin, dessen Weg ihn, seiner angeschlagenen Gesundheit wegen, nach Davos führte. Er fand eine Arbeit und wohnte mit seiner Frau in einem Mehrfamilienhaus beim Kurpark. Ein Mann, dessen Name mit grösster Wahrscheinlichkeit weder in Davos noch in Deutschland in Erinnerung geblieben wäre. Er war als Landesgruppenleiter der NSDAP nur ein klei-

---

[3] www.deniseschmid.ch/assetes/pdf/b3-davos-1535.pdf 4. August 2018, 16:25 Uhr

ner Diener ohne Bedeutung. Als völlig ergebener Parteigänger stieg er zum Leiter der Landesgruppe Schweiz der NSDAP auf und wurde zum obersten Nationalsozialisten der Schweiz. Das führte dazu, dass sein Bild in einer Schweizer Zeitung erschien, das der junge David Frankfurter herausriss. Frankfurter, der Sohn eines slawonischen Rabbiners, wechselte wegen seines Gesundheitszustandes, vor allem aber wegen des Judenhasses, dem er an den Universitäten in Leipzig und Frankfurt ausgesetzt war, nach Bern. Mit einer Pistole und einer festen Absicht reiste er anfangs Februar 1936 nach Davos, wo er am 4. Februar Wilhelm Gustloff mit vier Schüssen niederstreckte. 20 Minuten später meldete sich Frankfurter auf dem Polizeiposten von Davos Platz. So wird plötzlich aus einem unbekannten Repräsentanten des Nationalsozialismus ein Märtyrer. Joseph Goebbels und Adolf Hitler erhoben den von einem jüdischen Studenten ermordeten Gustloff zum „Blutzeugen der Bewegung“. Ein Sonderzug fuhr den Leichnam quer durch Deutschland und Hitler persönlich hielt die Grabrede. Alle erdenklichen Ehren wurden dem Opfer zuteil, so auch die Namenspatenschaft für ein Schiff.

Der Täter wurde in der Schweiz zu 18 Jahren Zuchthaus und lebenslangem Landesverweis verurteilt. Er wurde wenige Wochen nach Kriegsende, 1945, vom Grossen Rat begnadigt und wanderte nach Palästina aus.

Gustloff, eine unscheinbare Person, ohne besondere Fähigkeiten und wichtige Aufgabe, wurde von Hitler und der NSDAP zum Märtyrer hochstilisiert. Ein toter Nationalist ohne Leistung wurde zum Helden einer Nation mit pompösem Staatsbegräbnis. Demgegenüber steht eine Kindergärtnerin mit einer enormen Leistung, eine, die vielen Menschen den Weg in eine grossartige, lebenswerte und menschenwürdige Zukunft baute. Eine Frau, die es wahrhaftig verdient hätte, geehrt zu werden. Jedoch wurde sie beinahe vergessen.

Das Mädchen Maria lebte wohl im friedlichen Davos, wurde aber nicht nur mit enormen Schneemassen, sondern auch mit dem Heranwachsen des nationalsozialistischen Regimes, Hakenkreuzfahnen und Judenhass konfrontiert. Obschon nicht persönlich davon betroffen, musste sie lernen, damit umzugehen, und nahm diese Schreckensnachrichten, die erst der Anfang der grössten Katastrophe war, die über Europa ausgebreitet wurde, mit auf ihren Lebensweg.

Im März 1941 musste sich die zwölfjährige Maria von Davos verabschieden. Ihre Eltern übernahmen das Ferienheim „Dorfberg“ in Langnau im Emmental. Sie konnte sich sehr schnell an die rundlichen, lieblichen Emmentaler Hügel gewöhnen und auch an die Ilfis, die ruhig und gemächlich am Dorfrand vorbeifloss. Ihre innere Ruhe und eine gelassene Anpassungsfähigkeit trugen dazu bei, dass sie trotz eines Schulwechsels die Sek.-Prüfung mit Leichtigkeit bestand. Ihre fröhliche und unbeschwerte Art, aber auch ihre Offenheit, eine Weltoffenheit, welche ihr in Davos vermittelt wurde, trugen dazu bei, dass sie sich sehr schnell in die neue Klasse integrieren konnte. Schon im zarten Kindesalter war sie bei den Klassenkameraden und bei den Lehrkräften sehr beliebt. Diese Beliebtheit und der gute Zusammenhalt dieser Klasse blieb Maria bis zum Tode erhalten. Jeden Monat, wann immer es nur möglich war, gab es eine Zusammenkunft einer Gruppe.

Auch in Langnau bekam sie den fürchterlichen Krieg, der Europa und die Welt in den eisernen, mörderischen Klauen hielt, zu spüren. Obschon Langnau verschont blieb, ist das Wort „spüren" der richtige Ausdruck. Im sehr kalten Winter 1943/44, der Boden war hart gefroren, spürten die Bewohner von Langnau, wie der Boden zitterte und bebte, wenn die Kanonen und andere Kriegsgeräte im nahen Deutschland ihre mörderischen Ladungen abschossen. Maria war nun schon in einem Alter, wo sie zu Hause und in der Schule tagtäglich mitbekam, was rund um die Schweiz geschah und dass grosse Teile Europas in Schutt und Asche gelegt wurde. Dass Millionen unschuldige Juden, Behinderte, Sinti und Roma vernichtet wurden und über sechzig Millionen Menschen auf den Schlachtfeldern, in Städten und Dörfern den Tod fanden. Einen Tod, von Menschen gewollt, von Menschenhand im Auftrag ausgeführt. Krieg, Tod, Hass und Angst prägten die ersten 16 Jahre eines Mädchen, das jedoch in einem vom Krieg verschonten Land aufwachsen durfte, eine gute Grundausbildung erhielt, die sie zu ihrem Traumberuf brachte. Jedoch war es bis dahin noch ein weiter Weg. Ein Weg, der sie behutsam und zielstrebig ging.

Nach dem Schulaustritt im Jahr 1945 war sie noch zu jung für ihren Traumberuf, aber alt genug, um auf Wunsch ihrer Eltern ins Hotelfach einzusteigen. So besuchte sie nach einem Jahr im Welschland die Frauenschule in Bern welche sie nach einem Jahr abschloss. Ein halbes Jahr Handelsschule folgte, bei der ihre jüngere Schwester Sonja in der gleichen Klasse war. Danach begann ihr kurzer Weg als Hotelsekretärin im Hotel Dolder in Zürich. Diese erste Anstellung musste sie jedoch wegen längerer Erkrankung abbrechen. Nach der Genesung war sie ein Jahr im Hotel Falken in Thun, dem ein siebenmonatiger Englandaufenthalt folgte. Ihre Eltern verliessen 1950 das Ferienheim „Dorfberg“ und übernahmen das Bahnhofbuffet in Langnau. Schon nach drei Jahren, 1953, erkrankte ihr Vater Christian im Alter von 54 Jahren, erlitt darauf einen Schlaganfall, infolgedessen er plötzlich verstarb.

Während dieser traurigen Zeit war Maria ihrem Traumberuf schon ein gewaltiges Stück nähergekommen. 1952 trat sie in das Kindergärtnerinnenseminar in Ebnat-Kappel ein und war nun auf dem Weg zu ihrem Traumberuf.

Am Bärgli steit es Purehus,
E handvoll Lüt ga i und us.
Das da isch der Bärglipur,
Luegt mängisch süess u mängisch sur.
Das isch ds Rösi, D`Purefrou
Luegt zu de Hüehner u zur Sou.
Der Chrigel, dä isch Meisterchnächt,
D`Tier im Stall heis bi ihm rächt.
U ds Mägtli da, di guet Lisette,
Hilft bim Choche, Wäsche Glette.
Der Chlynscht, - das isch der Joggelima,
Mues d`Gwundernase z`vorderscht ha.

Maria Ringgenberg

Kindergarten Langnau und Einigen

Sofort nach dem Abschluss des Kindergartenseminars in Ebnat Kappel trat sie eine Stelle in ihrem nun Tatsache gewordenen Traumberuf in Langnau an. Eine glückliche 25jährige junge Frau konnte nun endlich vor ihrer Klasse stehen und ihren Traum leben. Einen Beruf, den sie von Tag zu Tag mehr liebte, was die ihr anvertrauten Kinder fühlten und mit auf ihren Lebensweg mitnehmen konnten.

Seit dem Tod von Marias Vater führten ihre Mutter und die Schwester Sonja das Bahnhofbuffet weiter. Beide machten ihr Möglichstes, was jedoch nicht ausreichte. Christian fehlte an allen Ecken und Enden und so mussten sie das Restaurant am 1. Oktober 1959 aufgeben. Die Mutter verliess Langnau und zügelte nach Krattigen, ins Haus „bei der Post“, wo die ehemalige Gemeindestube und Ferienwohnungen waren. Marie arbeitete in ihrem Traumberuf in Langnau weiter, erlitt aber 1963 einen Hirnschlag, was zu einem dreimonatigen Aufenthalt im Insel-Spital in Bern führte. Auch ihre Mutter litt unter Durchblutungsstörungen, sodass sie nach mehreren Schlaganfällen im Jahr 1964 verstarb.

Marie Ringgenberg hatte nun innerhalb von zehn Jahren beide Eltern infolge eines Schlaganfalls verloren.

Obschon ihre Schwester Sonja nun verheiratet war, hielt die enge Beziehung. Maria machte 1965 mit Sonja und ihrem Mann eine Kreuzfahrt im Mittelmeer. Sie besuchten dabei auch Israel, ein Land, das sie sehr begeisterte. Nicht nur die Region und die Geschichte, auch die Leute in diesem hart umkämpften Land hatten es ihr angetan. Nach all den schönen aber auch zum Teil schweren Jahren wuchs ein Wunsch, eine Sehnsucht in ihrem Herzen. Etwas hatte sich nach dem Israelbesuch in ihr verändert. Sie spürte plötzlich ein Fernweh. Beinahe unbegreiflich zog es sie weg von ihrem Traumberuf, weg von „ihren" Kindern, in ein unbekanntes Land. Ein Land, das sie nur von einem sehr kurzen Besuch kannte. Der Wunsch hatte sich in ihr Herz eingemeisselt und musste in die Realität umgesetzt werden. Neben der Arbeit im Kindergarten in Langnau wurden Vorbereitungen getroffen. Israel war das Ziel. Alles wurde geregelt, auch ein unbezahlter Urlaub wurde genehmigt, sodass sie unbeschwert einen längeren Aufenthalt im Kibbuz Gazit machen konnte.

Zur Zeit der Gründung das Staates Israel im Jahr 1948, wurde auch das Kibbuz Gazit, welches sich im unteren Galiläa befindet, aufgebaut. Die Hauptbeschäftigungsfelder waren Landwirtschaft, Industrie und verschiedene Unternehmen. Der erste Kibbuz wurde jedoch schon 1909 gegründet. Es war eine Reaktion der Juden auf den jahrhundertelangen Ausschluss von jeder landwirtschaftlichen und gewerblichen Betätigung. All diese Kibbuzim trugen zu der Besiedelung des Landes bei. Ausserdem waren sie die Wegbereiter bei der politischen Entwicklung des jüdischen Gemeinwesens und des späteren Staates.[4]

Während ihres Aufenthaltes im Kibbuz Gazit lernte sie Saba kennen. Aus dem Kennenlernen wurde eine schöne und tiefe Beziehung, so, dass Saba mit in die Schweiz zog und ab 1967 in Krattigen weilte.

Marie Ringgenberg fühlte sich in Langnau nicht mehr so richtig wohl, was sie dazu bewegte, eine Arbeit in der Region Spiez zu suchen. Diese fand sie in Einigen, wo ein Kindergarten eröffnet werden sollte. Am 20. Oktober zügelte sie nach Krattigen, wo sie im Murloch eine Wohnung fand. Gleichzeitig begann ihre Arbeit im neu gegründeten Kindergarten in Einigen, für den sie während 15 Jahren Tag und Nacht lebte.

Im Oktober 1973 schlug das Schicksal wider zu, Saba traf ein schwerer Schlaganfall, dem er erlag. Marie fiel in eine grosse Trauer, der wiederholt Kuren folgten, die jedoch ohne Erfolg verliefen. Sie lerne Joseph Bagioli kennen, daraus wurde eine Freundschaft, die ihr etwas bedeutete. Im Jahr 1977 war sie als Wochenaufenthalterin in

---

[4] http://schule.judentum.de/projekt/israelkibbuz.htm 18.08.2018

Eriswil eingeschrieben. Obschon sie in ihrer Arbeit die volle Erfüllung fand, trug sie auch eine schwere Last mit sich. Dabei stand nicht nur ihr körperliches Übergewicht, möglicherweise wegen einer Schilddrüsenerkrankung, im Vordergrund, auch ihre angeschlagene Gesundheit, der frühe Tod ihrer Eltern und das Hinscheiden von Saba fügten das ihrige hinzu. Im November 1983 weilte sie wieder im Spital Frutigen, wurde aber zur Weihnachtsfeier im Kindergarten Einigen entlassen.

Was raschlet u chräblet da hinter mym Hus?
Das tuusigs Eichhörndli rumt d`Haselnüss us!
„Du chlyne Schelm, gang wäg, husch, husch,
Flieh us mym Haselnüsslibusch!“

Das Eicherli gumpet i grosser Hascht
Uf e ne höche Tannenascht.
Dert höcklet`s ab u luegt mi a.
Gsesch, wie`s mit de Oeigeli rede cha!

„Du grosse Mönsch, muesch du alles ha?
Chasch du de Tier keis Nüssli la?
Du hesch es Hus mit dicke Mure,
hesch ds Aesse gnue, dys Bett isch warm.

Doch mit üs Tier hesch kes Beduure,
Das macht mi truurig, dass Gott erbarm!“

O Tierli liebs – i schäme mi!
Chum zrugg u cher ir Haslere y!

Maria Ringgenberg

Ein Tag im Kindergarten Einigen

Eine ehemalige Seminaristin/Praktikantin antwortete auf meine Frage, wer Frau Ringgenberg war, folgendes: „Maria war herzlich, mütterlich, warmherzig, witzig, sprachbegabt, wortgewandt, freundlich, stets mit einem Lachen auf den Lippen, mit rosigen Backen, gekleidet mit Rock und Schürze.“ Genau in dieser Reihenfolge! Das erste Attribut, das sie nannte, war „herzlich“, die folgenden „mütterlich“ und „warmherzig“. Herzlich und warmherzig beziehen sich auf das riesengrosse Herz und mütterlich auf Mutterherz. Obschon sie keine eigenen Kinder hatte, war sie für die ihr anvertrauten Mädchen und Buben eine wahre Mutter. Die vier weiteren Attribute, witzig, sprachbegabt, wortgewandt und freundlich, zeugen von ihrem Charakter, ihrer Intelligenz und dem angeborenen Wesen. Das Lächeln kam von ganzem Herzen, die rosigen Backen machten sie herzlich, Rock und Schürze erinnerten an das „Langnauer Meitschi“. Maria war mollig, rundlich, etwas schwerfällig und nicht so gelenkig. Eine äussere Erscheinung, die sie herzlich und lieblich machte. Die Kinder liebten sie, weil sie eben nicht perfekt war. Auch wurde sie geliebt, weil sie es verstand, die inneren Werte in den Vordergrund zu stellen, sei es bei sich selbst oder bei den Kindern. Auf dem Boden sitzen konnte sie nicht, so sass sie immer auf einem grossen Stuhl im Kreis. Oft sassen drei bis vier ihrer Schützlinge auf ihrem Schoss, die anderen auf ihren kleinen Kindergartenstühlen.

Mit ihrem beigen VW-Käfer fuhr sie jeden Morgen sehr früh von ihrem Wohnort Krattigen nach Einigen. So hatte sie genügend Zeit, immer alles tipp-topp bereitzustellen. Sie kochte Tee, sorgte dafür, dass der Kindergartenraum frisch gelüftet wurde, und platzierte die Stühle im Kreis. Auch legte sie viel Wert darauf, dass die Spiel- und Lernorte zum Spielen einluden. Die Spielplätze wurden aufgeräumt, aber auch belebt. Beim Bauernhof, um nur ein Beispiel zu nennen, stellte sie die Kühe auf die Weide, wo sie Gras fressen. Der Kindergartenraum wirkte sehr ästhetisch und strahlte eine angenehme Ruhe aus. Die verschiedenen „Abteilungen" waren mit vielseitigen Spielmaterialien bestückt, wovon viele aus Naturmaterialien, liebevoll in Körben sortiert, den Kindern zum Spiel angeboten wurden. Es gab Spielmaterial, das schon damals in Vergessenheit geraten war, beispielsweise Fadenspulen, mit denen sich wunderbar bauen liess. Maria Ringgenberg legte viel Wert darauf, dass die Fantasie der Kinder angeregt wurde.

Der Kindergartenmorgen begann mit einem täglichen Zeremoniell und verlief weiter in einem ruhigen gleichmässigen Rhythmus. Wenn die

Kinder ankamen, stand Maria in der Garderobe für sie bereit, half ihnen beim Umziehen und plauderte mit jedem. Die Kinder bedeuteten ihr alles, sie waren ihr Leben, sie nahm Anteil an Freud und Leid der Kinder. Wenn nach einiger Zeit alle im Kreis auf ihren „Stühli" sassen und versuchten, still zu sein, wurde musiziert und gesungen. Auch wurden viele Verse vorgetragen, Geschichten und Bilderbücher erzählt. Maria hatte die Gabe, sehr lebendig zu erzählen, die Geschichten wurden ausgeschmückt und ihre Mimik und Gestik untermalten die ausgesprochenen Worte, sodass sich jedes Kind seine Bilder dazu machen konnte. Sie war eine begnadete Erzählerin.

Im freien Spiel blieb Maria auf ihrem grossen Stuhl sitzen und beobachtete das Geschehen. Oft sassen viele Kinder auf ihrem Schoss, die mit ihr plauderten oder scherzten. Wenn mal etwas passierte, eines gestürzt war oder sich wehgetan hatte, war sie mit einem selbstgedichteten Trostvers bereit, der die Tränen schnell trocknete und mögliche Schmerzen vergessen liess.

Die Nähe zu den Kindern war ihr sehr wichtig. Oft spielte Maria die Hoppe-Hoppe-Reiter-Spiele, mit ihnen. Auch hier setzten sich die Kleinen auf ihren Schoss. Einige wollten diese Reiterspiele immer und immer wieder spielen.

„Es Öpfeli zum z'Nüni
Es Birrli no derzue,
itz gib dim Müli z'ässe,
so het die arm Seel rueh."

Vor dem Znüni gab es den Znüni-Vers, der möglicherweise von Maria Ringgenberg gedichtet wurde. Danach konnten alle mit dem Essen beginnen, dazu gab es für alle den zubereiteten Tee.

Vor dem Nachhausegehen saßen nochmals alle im Kreis, zusammen wurde das Abschiedslied gesungen. Im Liedertext wurden die Kinder daran erinnert, nicht zu trödeln und auf die Strasse acht zu geben.

„S elfi Glöggli lüütet scho
Jetzt isch Ziit zum Heimgah
Ufem Wäg nid umä stah
Und nid wienes Schnäggli gah.

Bim bam bim bam bim bam bum
Bim bam bim bam bim bam bum."

Zu diesem Lied wurden die Hände ineinander gefaltet wie zum Gebet, es sah aus wie eine Glocke, die beiden Mittelfinger wurden nach unten gestreckt und bildeten den Bimmel (Klöppel). Danach wurde in der Garderobe jedes Kind persönlich verabschiedet. Maria gab acht, dass die

Jacken geschlossen waren und dass keines mit den Hausschuhen nachhause ging.

Aber auch zu den Eltern pflegte die grossartige Kindergärtnerin einen freundlichen, guten Kontakt. Man kannte Frau Ringgenberg im ganzen Dorf Einigen. Sie war einzigartig, ein Original.

Auf meine Frage, wie er Frau Ringgenberg erlebte, sagte mir ein ehemaliger „Schüler“: „Sie war eine feinfühlige Frau und strahlte nur Liebe aus, alle Kinder liebten sie. Auch hatte sie eine warme liebliche Stimme, sodaß sich jedes Kind bei ihr geborgen fühlte. Alle gingen sehr gerne zu ihr in den Kindergarten. Eine mächtige Frau mit einer zarten Stimme, die Liebe verbreitete. Ihr Tod war schrecklich, Einigen hatte die Mutter aller Kinder verloren. Mit ihrem Tod verlor Einigen die liebste und beliebteste Frau.“

Dä Wott ga Fische fah
Dä muess ihm d`ruete ha,
Dä wirft ihm d`Angle us,
Dä reicht no ds Netz im Hus
Dä rüeft: „Fisch byss gleitig a,
Mir sötte öppis z`Mittag ha!“

Maria Ringgenberg

„Lustig ist das Zigeunerleben“

Bitte werfen Sie, liebe Leserinnen und Leser, nun dieses Büchlein nicht gleich ins Altpapier oder ins Feuer. Im Jahr 1982 war das Wort „Zigeuner“ noch ein alltägliches Wort und niemand suchte ein Problem. Auch wurde das gleichnamige Lied in den Volksschulen im Singunterricht gelehrt und oft auf Schulreisen aus voller Kehle gesungen. Für mich und meine Generation waren die „Zigeuner“ ein fröhliches liebliches, singendes und tanzendes Volk, welches in Frieden lebte und immer weiterzog. Menschen, die Freude bereiteten, wenn sie kamen, und traurig stimmten, wenn sie wider gingen. Und gerade weil dieses Volk, diese Frauen, Männer und Kinder, anders waren als wir Sesshaften, strahlten sie etwas Besonderes aus. Etwas, das sich viele auch wünschten, wobei jedoch bei den Meisten der Mut fehlte, diesen Wunsch zu Leben. Ob es nun nur lustig war, wie es im Kinderlied besungen wurde, wage ich zu bezweifeln. Wurden doch im Dritten Reich, ab dem Jahr 1933 bis 1945, aus purem Rassenwahn über sechs Millionen Menschen aufs Brutalste erniedrigt, vertrieben, gefoltert und hingerichtet. Nur weil ihre Herkunft, für die nun niemand etwas kann, einem selbstsüchtigen, menschenverachtenden, juden- und zigeunerhassenden Führer nicht passte. Dass Worte, die diskriminieren und Menschen verachten, heute nicht mehr gesagt und geschrieben werden dürfen, ist total in Ordnung und muss bestraft werden. Weil es jedoch in diesem Kapitel um eine Kindergartenreise mit dem gleichnamigen Titel geht, habe ich mir erlaubt, dieses „Unwort“ zu verwenden, so wie es in der Zeitung „Berner Oberländer“ vom 22. September 1982 erschienen war.

Maria Ringgenberg wollte nicht nur mit Spiel, Vers und Gesang die Kinder aufs Leben vorbereiten, sondern auch auf andere Menschengruppen hinweisen. So wurden die kleinen Erdbewohner schon früh mit einem Thema konfrontiert, das aufzeigt, dass verschiedene Menschen die Erde bevölkern. Seien es nun die Kinder von Einigen, seien es Christen, Juden, Moslems, Dunkelhäutige, Asiaten oder die Fahrenden. Alle sind Menschen, die Freude erleben oder trauern, die lachen oder weinen. Alle haben auf dieser Erde ihren Platz und könnten miteinander in Frieden leben, wenn nur der Mensch nicht wäre, der das Rassenproblem erfunden und in die Welt gesetzt hat. Dass im Jahr 2018 immer noch ein Rassenwahn vorherrscht, dass politische Parteien, auch in der Schweiz, einen Fremdenhass schüren und einen beachtlichen Teil des Volkes zu diesem menschenverachtenden Hass bekehren, ist absolut unverständlich und dürfte, nach allem, was im nationalsozialistischen Nachbarland im letzten

Jahrhundert passierte, nicht mehr zu einem Thema gemacht werden.

Am 22. September 1982 konnten die Leser der Zeitung „Berner Oberländer“ folgenden Bericht lesen: „*Was für ein buntes lustiges und frohes Völklein die Zigeuner sein können, das durften wir Einiger kürzlich von unseren Kindergärtelern erfahren. Frau Maria Ringgenberg, unsere geschätzte Kindergärtnerin behandelte das Thema „Zigeuner“ mit ihren Schützlingen. Frau Ringgenberg hat es vorzüglich verstanden, sich in das Thema dieser Randgruppe einzufühlen und das mit der phantasievollen Welt unserer Kinder zu verbinden. Mit einem Umzug durch das Dorf wanderte die singende Zigeunerschar in den nahen Wald, um am offenen Feuer einen feinen Zigeunerschmaus zu halten.*

Viel über das angestammte Handwerk des fahrenden Volkes verrät der selbstgebastelte Wagen. Aus dem kleinen Kunstwerk spürt man die Freude und persönliche Hingabe zum Thema wie auch zu unseren Kindern förmlich heraus. (...)

Wir Eltern von Einigen danken Frau M. Ringgenberg für ihr grosses Engagement an ihrer „kleinen Hochschule“.[5]

[5] Berner Oberländer, 22.9.1982, R.B.

Zirkus

Hochverehrtes Publikum,
I heisse euch im Zält willkomm!
Dir chönnet euch uf ds Programm freue,

Mir zeige euch die wilde Leue
Mit ihrem muetige Dompteur.
Drufabe chunt der gschickt Jongleur,

Dä bringt euch de no schön zum Stuune.
De der Clown mit syr Posune,
U allergattig anderi Sache

Sölle euch ckly frölich mache.
Drum säg i jetz: „Manege frei
Für üses bunte Allerlei.“

Hochverkehrtes Kublibum,
Hüt geit sicher alles chrumm.
U z`ringestum u bum bum bum,
Dir chehret gschyder wider um!

Maria Ringgenberg

Fernsehen im Vorschulalter

„Den Kleinen „knallen“ wir vor den Fernseher, damit wir uns in Ruhe unterhalten können.“

Das waren die Worte einer Bekannten, die wir zum Essen eingeladen hatten. Sie hätte über das Wochenende ihr Enkelkind zur Aufsicht und dem sei es vor dem Flimmerkasten am wohlsten. Das war im Jahr 2016. Vierzig Jahre zuvor machten sich die Kindergärtnerinnen intensiv Gedanken über das Thema „Fernsehen im Vorschulalter“. Darum befassten sie sich mit dieser heiklen Angelegenheit. Dabei ging es einerseits um die Beurteilung der Kindersendungen (Aufbau, Konzept, Auswirkungen auf die Kinder und methodische Anwendung im Kindergarten) und andererseits soll das Thema in der Elternarbeit im Kindergarten eingehend behandelt werden. Der Kursaufbau gliederte sich in zwei Teile: Anwendung in der Praxis und Elternarbeit. Im ersten Quartal wurde das Thema „Fernsehen und Aggression“ mit den Auswirkungen im Kindergarten behandelt. Im zweiten Quartal wurde auf die „Fernseherziehung im Kindergarten und die Methodischen Aspekte“ hingewiesen.

Für das Wintersemester 1977/78 war für das dritte Quartal das Thema „Konzept der Vorschulsendungen“ vorgesehen. Dazu war die Leiterin vom Ressort Jugend des Schweizer Fernsehens

Zürich, Frau Verena Doelker-Tobler, vorgesehen oder ein Besuch im Fernsehstudio in Zürich Seebach. Im vierten Quartal sollte das Thema „Kindersendungen aus der Sicht der Autorin" behandelt werden, dazu war als Referentin Frau Susanne Stöckli-Meier, Autorin von Spielhaussendungen eingeladen.

Die Elternarbeit zum Thema sollte in der Form eines Elternseminars, vier Mal ein Abend pro Woche, erfolgen. Der erste Abend war der „Wahrnehmungsfähigkeit des Vorschulkindes" gewidmet. Dabei sollte die Optische und emotionelle Wahrnehmung des Kindes, gezeigt an Experimenten im Kindergarten, angesprochen werden. Der zweite Abend war der „Wahrnehmungsfähigkeiten des Erwachsenen" gewidmet. Dabei sollte an einem Filmbeispiel aus der TV Serie „Krieg und Frieden" die Optische und emotionale Wahrnehmung der Erwachsenen erarbeitet werden. Am dritten Abend wurden „Anregungen zur Beurteilung Kindersendung" gesucht, am Beispiel der Spielhaussendung „Kirschen" vom 14. Juni 1977. Der vierte Abend behandelte in einer Gruppenarbeit die Thematik „Wird das Fernsehen zu Hause zum Erziehungsproblem?"

Das Thema wurde mit viel Aufwand, auch in einem Elternseminar, aufgearbeitet. Die Kindergärtnerinnen der Gemeinde Spiez, Spiezwiler, Faulensee und Einigen waren besorgt um das

Wohl der Kinder und informierten die Eltern mit folgendem Schreiben:

Liebe Eltern

Seit einiger Zeit arbeiten wir Kindergärtnerinnen von Spiez, Spiezwiler, Faulensee und Einigen am Thema „Fernsehen im Vorschulalter“. Das Fernsehen ist – nach unserer Meinung – ein wichtiger Erfahrungsbereich des Kindes. Gerade in den Vorschulsendungen werden nützliche und sinnvolle Anregungen weitergegeben, welche vom Kind aufgenommen und oft in origineller Art und Weise verarbeitet werden.

Obschon das Fernsehen nun seit etlichen Jahren besteht (seit 1950, anm. des Verfassers) und einen festen Platz in der Gesellschaft eingenommen hat, findet man immer wieder Artikel und Broschüren, die sich gegen dieses Medium wenden: „Das Vorschulkind gehört nicht vor den Fernseher“ ist auch heute eine These, die von verschiedenen Erziehern vertreten wird. Wir sind allerdings nicht dieser Meinung. Wir sind überzeugt, dass fernsehen – sinnvoll angewendet – dem Kind in keiner Weise schadet; im Gegenteil: Das Vorschulfernsehen hat sich in den letzten Jahren rasch und vielfältig entwickelt, wobei Erkenntnisse der modernen Entwicklungspsychologie des Kindes in das Sendekonzept aufgenommen wurden.

Aber gerade durch die Vielfalt der Meinungen und Thesen, die im Zusammenhang mit dem Thema „Kind und Fernsehen“ vertreten werden, fühlen sich viele Eltern und Erzieher verunsichert. „Schadet das Fernsehen wirklich der Gesundheit?“, „welche Sendungen soll sich das Kind ansehen?“, „wie lange darf ein Kind pro Tag fernsehen?“; dies sind Fragen, welche viele Eltern beschäftigen. Vielleicht haben auch Sie sich schon Gedanken über die Fernsehgewohnheiten Ihres Kindes gemacht.

Wir haben nun in unserer Gemeinschaftsarbeit versucht, Probleme und Fragen zur Fernseherziehung aufzustellen um sie an vier Elternabenden zu erörtern. Das Ziel dieses kleinen „Fernsehkurses“ besteht darin, anhand von Diskussionen und Kurzvorträgen einen Einblick in den Themenkreis „Fernsehen im Vorschulalter“ zu gewinnen.

Wir hoffen, dass sich recht viele Eltern für unser Thema interessieren und an den Abenden teilnehmen können.

So weit der Aufruf an die Eltern. Zu einer Zeit, als die Eltern noch die „Macht“ über das Gerät in der Wohnstube hatten und bestimmten, wann und was gesehen werden durfte. Junge Frauen, denen das Wohl der Kinder anvertraut war, machten sich Gedanken, wie sie ihre Schützlinge vor zu viel oder zu wenig Fernsehen schützen konnten. Zum heutigen Zeitpunkt absolut undenkbar, wo doch jedes Kind seinen eigenen „Fernsehapparat" (Handy, Tablett, PC u.s.w.) mit sich herumträgt, sodaß schon die Kleinsten mit Mord, Vergewaltigung und Pornografie konfrontiert werden und dies als das normalste der Welt betrachten. Menschenverachtendes Gedankengut gehört schon zum Alltag und wird auch im realen Leben umgesetzt. Aber niemand ist da, der genau hinschaut, was den Kindern tagtäglich in all den Massenmedien dargeboten wird. Erst das Ergebnis schreckt auf, wenn ein Kind in der Schule mit echten Pistolen und Messern seiner aufgestauten Aggression freien Lauf lässt und Lehrpersonen und Mitschüler dahinmetzelt. Wenn vermeidlich guterzogene Schweizerkinder aus „gutem Haus" ihr wahres Gesicht zeigen und zu Schlägern, Zerstörern und Randalierern werden, gut sichtbar vor und nach einem Fussballspiel. Das, was die Kindergärtnerinnen im Jahr 1977 machten, mag heute wohl belächelt werden, schützte jedoch die Kinder vor vielen Schandtaten und die Steuerzahler vor vielen Millionen Franken für Sicherheitsmassnahmen und Aufräumarbeiten.

Fernsehprobleme

Eigens für die Info-Abende mit den Eltern schrieb Maria Ringgenberg ein Kasperlistück für Erwachsene zum Thema „Fernsehprobleme“. Schon das Wort „Fernsehprobleme“ sagt genug aus. Das Fernsehen war ein Problem. Ein Problem, mit dem man sich plötzlich beschäftigen musste. Wie aus dem Nichts heraus war ohne Vorankündigung etwas unberechenbares, etwas eindringliches, etwas bestimmendes in viele Wohnstuben gestellt worden. Ein Gerät, welches vorerst nur die eher „Gutbetuchten“, schon bald jedoch beinahe jedermann sich leisten konnte und wollte. Irgendetwas von aussen nahm nun plötzlich Einfluss aufs Familienleben. Ein Eindringling, der nicht von alleine kam, sondern den man sich anschaffte. Nun musste man nur noch lernen, mit diesem zu leben. Ein Unterfangen, das gar nicht so einfach war. Wollten doch alle wissen, was dieser Kasten so alles zu bieten hatte. Von den Erwachsenen, zu den Halbwüchsigen, heute sagt man „Teenager“, bis zu den Kindern und Kleinkindern. Ein Fernsehapparat, drei Generationen und eine Kindergärtnerin, die mit eher komischen Fragen konfrontiert wird.

Im Kasperlistück „Fernsehprobleme“ verarbeitet Frau Ringgenberg ihre Erfahrungen mit „ihren Kindern“. Dieses Stück könnte auch ein Theaterstück oder ein Fernsehfilm fürs Hauptprogramm sein. Das Theater beinhaltet fünf Szenen, welche ich nun kurz zusammenfasse:

1. Szene

Wie jedes Kaspertheater beginnt auch dieses mit den Worten: „Trullala, di hoppsassa, der Kasperli ist wieder da. Ich grüsse euch, liebe Kinder". Er blickt ins Publikum und sieht, dass nicht Kinder, sondern alles Erwachsene Leute im Saal sitzen. Er fragt sich, ob die grossen Leute ein Kaspertheater verstehen? Nachdem er nun die Besucher begrüsst hat, schaut er im Programm nach, was denn nun gespielt werden soll. „Problematikum Televisia", liest er vor, „ein tierisch ernst zu nehmendes, mit einem tragischen Ausklang versehenes Familienmelodrama." Das Stück spielt in der alles durchwirkenden verstrickten Gegenwart. Die Mitwirkenden: der Vater, das Familienoberhaupt, seine bessere Hälfte, die Mutter, deren beide Kinder, Silvia und Michael, der Onkel und Köbi, ein Schulkamerad. Dazu kommt noch eine Krähe (Rabe), welchem Michael das Sprechen beigebracht hat.

Kasper fragt sich und die Zuschauer, was das wohl sein soll, „ein tierisch ernstzunehmendes, mit einem tragischen Ausklang versehenes Familienmelodrama". Er weiss nicht, was er mit diesem Thema machen soll, er spielt doch nur lustige

Sachen. So setze er sich doch lieber unter die Zuschauer. (Der Vorhang wird geschlossen).

2. Szene

Silvia sagte einen Vers auf. Köbi fragt, was sie da mache. Sie habe heute einen Vers gelernt, den nun Köbi in verkehrter Reihenfolge aufsagt. Nun kommt Michael dazu, der bei Köbi nachfragt, ob er Aufgaben zu machen habe.

„Nein", sagt dieser, so könne er länger Fernsehen schauen und freue sich darüber, dass Silvia und Michael keinen Fernsehapparat haben. Michael erwidert sofort, dass er bei seiner Gotte schauen könne, so habe er gestern den Film vom Phantom gesehen. Der sei gut gewesen, sagt Köbi, worauf Michael sagt, dass seine Schwester sich dabei fürchtete. Ja, sie habe Angst gehabt und fragte, was denn eigentlich ein Phantom sei. Das sei so eine Art Ungeheuer, meint Michael zu wissen. Köbi jedoch sagt, dass sei so etwas wie die Serviertochter im Restaurant Rössli, sein Vater sage oft, die sei phantomental. „Du spinnst", sagt darauf Michael, denn man sage doch phänomental. Worauf Köbi sich zur Wehr setzt: „Was willst du schon wissen, soll ich auch Hackfleisch aus dir machen, so wie der gestern im Film?" Während sich die beiden Knaben noch verbal angreifen, schliesst sich der Vorhang.

3. Szene

Die Mutter spricht zur Krähe, gibt ihr das Futter und sagt, dass die Kinder bald von der Schule nach Hause kommen. Die Krähe fragt, warum die Kinder so lange haben und warum sie sich streiten. Nun kommen die beiden und grüssen ihre Mutter. Die fragt Michael, warum er denn so aussehe. Silvia erklärt, dass Köbi und Michael sich gerauft haben. Auf die Frage der Mutter antwortet Michael, dass der Köbi ihn immer ausspotte, weil sie noch keinen Fernseher hätten. Worauf die Mutter fragte wie es ihm bei der Rechnungsprobe ergangen sei. Silvia vermutet, dass er alle Antworten falsch habe, da er bei der Probe eingeschlafen sei. Als der Lehrer fragte, ob er rechne, sei er erschrocken und habe gesagt, „jetzt hat das Phantom das Licht ausgemacht". Die ganze Klasse habe daraufhin gelacht und der Lehrer sei böse geworden. „Was wird wohl der Lehrer denken?", sagt die Mutter und erwähnt, dass bei der Patentante nicht mehr Fern geschaut werde. Auch die Krähe musst noch ihren „Senf" dazugeben: „Warum passt das Kind nicht auf, nimmt ihm der Fernseher den Schnauf?" Michael antwortet, dass der Lehrer schlechte Laune hatte. Am Köbel habe er mit der Hand auf die Schulter geschlagen und gesagt, er werde sicher oft vor dem Fernsehen sitzen wie ein eingenickter Nussgipfel. Worauf sich wieder die Krähe zu Wort meldet: „Warum laufen heute so viele junge Leute, mit einem Rücken so krumm, in der Weltgeschichte herum?"

„Der Lehrer hat sicher recht", meint die Mutter, „ich muss der Gotte sagen, sie solle darauf achten, dass die Kinder nicht so oft vor dem Apparat sitzen." Es sei ihr aufgefallen, dass die beiden sehr oft bei ihr sitzen. Silvia ist jedoch der Meinung, dass man beim Fernschauen doch so viel lerne.

„Weisst du noch, wie ich einen guten Aufsatz über das Brot geschrieben habe? Das konnte ich nur, weil ich zuvor die Sendung Spielhaus gesehen hatte. Ich darf doch weiterhin Spielhaus sehen, die Gotte wartet auf mich?"

„So geh doch", sagt die Mutter, „du hast ja doch immer das letzte Wort, aber zuvor werden noch die Hausaufgaben gemacht."

Michael wollte auch mit, die Mutter stimmt zu. Die Krähe sinniert: „Warum lässt die Mutter die Kinder gehen, will sie ein bisschen Ruhe haben?"

4. Szene

Der Vater kommt von der Arbeit nach Hause und wünscht, dass er so schnell wie möglich essen könne, da er noch ins Restaurant möchte, es komme ein Autorennen im Fernsehen. „Du bist schon bald nie mehr zu Hause", beschwert sich die Mutter, „gestern hattest du Feuerwehrübung, vorgestern Gemeinderatsitzung und ich muss immer alleine sein." Darauf der Vater: „Wenn wir selber einen Kasten hätten, würde ich zu Hause bleiben, aber du bist ja noch immer dagegen."

„Du mit deinem ewigen Flimmerkasten", sagt die Mutter, „man hört schon so viel, wie der einen schlechte Einfluss auf die jungen Leute hat. Die sitzen nur noch vor dem Glozophon, gehen am Abend nicht zu Bett, lernen nichts anderes als knallen und schiessen, bis aus ihnen auch noch Verbrecher werden."

„In welchem Frauenheft hast du sowas gelesen? Da wird sicher so eine Briefkastentante ihren pädagogischen Kommentar abgegeben haben", wehrt sich der Vater. „Du darfst nicht vergessen, dass das Fernsehen grosse Fortschritte gemacht hat, darum werden heute sogar für die Schulhäuser Fernsehapparate angeschafft."

„Das mag wohl für grosse Kinder gut sein", meint die Mutter, „unsere sind jedoch noch zu klein."

„Aber es gibt auch gute Kinderfilme", rechtfertigt sich der Vater und zuletzt wäre ich noch immer derjenige, der befehlen würde, wann der Kasten abgestellt würde und wann zu Bett gegangen werden müsse."

Es klopft an der Tür und der Onkel tritt ein. Er habe einen Fernsehapparat im Auto. Da er sich nun ein Farbfernsehen angeschafft habe, brauch er den alten „Schwarz-Weiss" nicht mehr, den könnte er gratis abgeben. Der Vater freut sich, die Mutter ist nicht einverstanden, was den Onkel eher stutzig macht. Man müsse sich doch informieren und wissen, was auf der Welt passiere. Widerwillig stimmt die Mutter zu, mit den Worten: „So macht doch, was ihr wollt, aber du übernimmst die Verantwortung“, worauf der Kasten in die Wohnung getragen wird. Und wider mischt sich die Krähe ein: „Die Mutter gibt immer nach, muss der Vater immer Recht bekommen, kann der Fernseher die Familie zusammenhalten?“

5. Szene

Die Familie sitzt vor dem Fernseher und schaut sich die Werbung an. Silvia findet ein Produkt prima und fragt die Mutter, ob sie dies auch mal kaufen werde. Michael mischt sich nun auch ein, so dass zwischen den Kindern eine Unstimmigkeit entsteht und sich die Krähe meldet: „Warum reden die so komisch, warum greifen die sich an?“

Der nächste Werbefilm erinnert an „die Schatzsucher“, ein Buch, das Michael gelesen hat, und wieder die Frage an die Mutter, dieses Produkt zu kaufen. Die Mutter will nun in die Küche, um zu kochen, worauf Silvia sagt, dass sie nichts essen möchte. Vater wünscht, dass das Essen ins Wohnzimmer gebracht werde. Da aber die Mutter auch gerne bis zu Schluss geschaut hätte, bringt sie Pommes-Chips und Käse. Und wieder mischt sich die Krähe ein: „Die essen vom Teller immer schneller, sie trinken vom Glas, wissen die, was sie trinken?“

Der Vater wünscht, dass die Kinder zu Bett gehen, da es schon 20:30 Uhr sei, die Kinder jedoch bleiben ruhig sitzen. Auch die Mutter fordert die Kinder nochmals auf, zu Bett zu gehen. Diese aber wollen noch den Krimi zu Ende schauen. Ein Streit beherrscht nun die Stube, im Fernseher hat der Krimi begonnen und Silvia schreit auf, da sie Angst hat, worauf die Mutter sagt, dass so etwas doch nichts für Kinder sei: „Stellt diesen Kasten ab, das ist doch nichts für die beiden.“

Der Vater lacht die Kinder aus: „So grosse fürchten sich doch nicht beim Film schauen.“

Silvia sagt schon wieder, dass sie Angst habe, worauf Michael ihr den Rat gibt, die Augen zu schliessen und still zu sein. Die Krähe meint zu dieser Szene: „Wenn das Ihr Kind betrifft, wenn Ihr Kind aus Angst laut schreit, was hätten Sie dann gesagt?“

Der Vater schickt nun die Kinder zu Bett, die sich noch ein Gutenachtlied wünschten. Die Mutter wimmelt ab, schickt die Kinder alleine ins Zimmer und erwähnt, dass sie nun wirklich gross genug seien. Und wieder die Krähe: „Kein Lied, kein Gespräch, keine Geschichte für die Nacht, ist es denn genug, wenn das alles der Fernseher nun macht?“

Nach einiger Zeit kommt Silvia in die Stube, ihr brennen die Augen und Michal meldet, dass er noch Durst habe. Silvia hat noch immer Angst. Die Eltern aber schicken beide zu Bett und wollen nun endlich ihre Ruhe. Die Kinder sind unruhig und springen im Zimmer umher, worauf der Vater mit lauten, wüsten Worten die Kinder packt und mit Gewalt ins Bett steckt. Er kommt zurück ins Wohnzimmer und freut sich, dass nun endlich Ruhe eingekehrt sei. Jedoch ist noch nichts mit Ruhe, Silvia kommt und sagt, dass Michale auf dem Bett herumspringe und dieses nun zusammengebrochen sei. Nun geraten auch die Eltern in einen Streit und schreien sich an. Die Krähe stimmt einen Trauermarsch an, der langsam in eine fröhliche Melodie einmündet.

Der Vorhang schliesst sich.

ENDE

Als Frau Ringgenberg dieses Stück geschrieben hatte, war dieses Problem noch einfach zu lösen. Der neue Eindringling, in Form einer klobigen Kiste mit Glasfront, war an einem zentralen Ort in der Wohnung aufgestellt und konnte von den Eltern an- und abgestellt werden. Heute, wir schreiben das Jahr 2019, haben die meisten Kinder ihren eigenen Fernsehnapparat, in Form eines Handys oder Tabletts, rund um die Uhr mit dabei. Absolut niemand kann mehr Einfluss nehmen und kontrollieren, wann und was die Kinder schauen. Wo ist die Kindergärtnerin, die Lehrerin, die ein Kaspertheater schreibt und auf den Missstand der heutigen Tage hinweist?

Chabisrüebe, Röselichöl,
Hütt Chunt`s cho rägne,
U das isch es Glöl.

Zwitscherli, zwätzscherli, Zwirn,
Es gschwätzigs Müüli u weneli Ghirn.

Da u dert,
Dinne u dusse,
dunde u dobe,
deckt Guld der Bode.

Fädli u Flädli,
Flöckli u Bröck,li
Fätzli u Bätzli,
Flum u Schum,
Luschtig ds ringsetum.

Maria Ringgenberg

Erinnerungen

Was nach dem Tod von einem Manschen bleibt, sind die Erinnerungen. Erinnerungen an Leben und Werk. Wer sich jedoch an Maria Ringgenberg erinnert, erzählt als erstes von Liebe und Herzlichkeit, von Zuneigung und Freude, von Geben und Schenken. Sie hinterliess einen Schar glücklicher strahlender Kinder. Kinder, die hervorragend mit Liebe und Zuneigung auf's Leben vorbereitet waren. Auf ein Leben, das auch mit Problemen und harten Prüfungen belegt sein könnte. Jedoch mit einem guten und festen Fundament, welches Frau Ringgenberg „mauerte"

Wenn ich bei meinen Recherchen nach Frau Ringgenberg fragte, veränderte sich jeder Gesichtsausdruck in ein Lächeln, das mit strahlenden leuchtenden Augen umrahmt ist. Auch all die Briefe und Mails, die ich erhielt, erzählen von einer einzigartigen Frau. Vier ehemalige Praktikantinnen habe ich angefragt und alle haben mir geantwortet. Aus diesen Erinnerungsberichten werde ich nachfolgend zitieren, so konnte ich in einem Brief lesen: *In Erinnerung geblieben ist mir, wie Maria am Morgen an ihrem Tisch sass und die Kinder zu ihr kamen zur Begrüssung, zum Erzählen und um vieles zu zeigen. Oft krabbelten zwei bis drei Kinder auf ihr herum und suchten ihre Nähe.*

Der Kindergarten war ein richtiges „Daheim", mit vielen kleinen und grossen Details. Er regte zum Spielen und Handeln an! Unten auf dem Pausenplatz stand ein Ruderboot aus Holz, auf dem die Kinder mit grossem Eifer spielen durften.

Eine andere Praktikantin schrieb, dass üblicherweise die Praktikumslehrpersonen den Praktikantinnen das „Du" anboten, Maria Ringgenberg jedoch nicht, so blieb sie als Frau Ringgenberg in Erinnerung. *Beim ersten Zusammentreffen staunten die beiden Praktikantinnen, wie flink Frau Ringgenberg trotz ihrer beeindruckenden Grösse und Körperfülle aus ihrem VW-Käfer stieg. Ihre erste Handlung am Morgen war jeweils die Begrüssung und das Füttern der Wasserschildkröten, die sie in einem Vivarium auf ihrem Bürotisch hielt. Die Tiere lagen ihr sehr am Herzen, sie rief sie jeweils liebevoll „Chrotti, Chrotti, Chrotti".*

Sie hatte ein grosses Talent im Umgang mit der Sprache. Zu jedem Thema und in jeder Situation hatte sie einen passenden Vers oder Spruch parat, meist mit einer lustigen Wendung oder humorvollen Wortspielen. Auch wurde viel und mit Inbrunst gesungen. Frau Ringgenberg war sehr schlagfertig und konnte mit Humor auf kleine Provokationen der Kinder reagieren. Zum Beispiel mussten die Kinder einen Purzelbaum vorführen. Als alle damit fertig waren, stand ein Bub auf und sagte:

„Frau Ringgenberg, itz müesst dir aber ou eine vorzeige.“ Ihre Antwort: „Uu, wen ig das würdi mache, de würd's grad es Ärdbebe vo Einige übere See bis Oberhofe gäh.“

Da es aber Frau Ringgenberg nicht immer so gut ging, war sie auch nicht immer zum Spass machen und lustig sein aufgelegt, das haben die Kinder ab und zu zu spüren bekommen.

Was die angehenden Kindergärtnerinnen in Einigen mit auf den Weg bekamen, wird noch bis zum heutigen Tag angewendet: *Ich setze auch heute noch gerne und mit Überzeugung Verse, kleine Sprüche und Reime im Unterricht ein, auch das tägliche Singen mit den Kindern ist mir wichtig.* Und: *Als junge Kindergärtnerin habe ich mit einer meiner ersten Klassen „Der gestiefelte Kater“, ein Theater in Versform, aus „Der Örgelima“ von Maria Ringgenberg, aufgeführt.*

Einen hervorragenden Erinnerungstext verdanken wir Frau Elisabeth von Känel, Leiterin des Kindergärtnerinnenseminars von Spiez, welchen sie am 2. Juli 1984 verfasste. Worte von einer Kollegin, die Maria erlebte, Worte, die aus tiefem Herzen kamen und Worte, die ein wahres, ehrliches Bild von dieser begnadeten Frau zeichnen. Diesen Text werde ich nun an dieser Stelle ungekürzt weitergeben:

Wenn ich heute dieser Feier einige Worte zum Wirken von Maria Ringgenberg beifügen möchte, so tue ich dies, indem ich Erinnerungen und Gedanken festhalte, die in den letzten Wochen in Gesprächen mit meinen Kolleginnen geäussert wurden. So meinte eine junge Kollegin, Marias Wirken müsste eigentlich unter das Motto des Gründers des Kindergartens, Friedrich Fröbel gestellt werden: „Kommt lasst uns mit unsern Kindern leben!“

Tatsächlich hat uns Maria Ringgenberg in den 13 Jahren, in denen sie mit dem Kindergartenseminar Spiez zusammenarbeitete, indem sie Seminaristinnen in die praktische Arbeit der Kindergartenleitung einführte, immer wieder überrascht und verblüfft, wie ganz sie in den Kindern lebte. Sie lebte nicht nur für sie, sie lebte mit ihnen. Sie hatte die grosse Fähigkeit, sich mit und an den Kindern zu freuen. Maria wusste eben, was Kinder brauchen. Die Wärme und das Verständnis, das sie ausstrahlte, liess die Kinder wohl sein. Die vielgepriesene Förderung der Kinder ging so nebenher, war die selbstverständliche Folge dieser warmen pädagogischen Atmosphäre.

Ja, es ist ein bunter, farbiger Teppich von Erinnerungen, Schilderungen und gemeinsamem Erleben, der vor unseren Augen entsteht, wenn wir an Maria denken. Der Teppich ist geprägt durch Maria, der Zettel ist ihre Freude, ihr Schmunzeln ihre Wärme. Gerade diese Eigenschaften zählen heute irrtümlicherweise so wenig und gehören doch zum Wesentlichsten im Leben des Menschen. Lassen Sie mich einige dieser bunten, farbenfrohen Erinnerungsmuster schildern:

Maria pflanzt mit den Kindern Kartoffeln. Sie tut dies mit Hingabe und Ehrfurcht. Die Kinder erleben das Pflanzen, Gedeihen, Pflegen. Sie wissen um die Wurzeln, die Stauden, die Blüten, die Knollen. Sie beobachten das Wachsen, sie freuen sich gemeinsam mit der Kindergärtnerin auf die Ernte. Im Herbst fühlt Marie ein Unbehagen! Etwas an den Pflanzen scheint nicht gut. Heimlich gräbt Maria eine Staude aus... Tatsächlich keine einzige Kartoffel, auch bei der zweiten und dritten nicht! Das kann sie den Kindern nicht zu leide tun, Ebenso heimlich, wahrscheinlich nachts, gräbt Maria gekaufte Kartoffeln unter die Stauden.... Und am nächsten Tag graben die Kinder ihre Kartoffeln!

Ihre Kinder waren auch diejenigen, die nun schon Männer sind. Wie schmunzelte sie, wenn sie von den Hockeyspielern des S.C. Langnau erzählte! Wie heimlich stolz war sie auf ihre Buben, wir wussten, dass sie über die Erfolge und Misserfolge des S.C. Langnau orientiert war. Rühmte man einen von ihnen, so schmunzelte sie und bemerkte: „O dä söll sech nume nid ufbööggele, dene hani no allne d'Nase putzt". Sie nahm sich Zeit ihren Ehemaligen in Gedanken zu folgen.

Herrlich waren für uns die Besuche im Kindergarten. Was sie an Spielsachen, Spielecken, Spieltischen bereitstellte! Um die Einfälle, die sie für die Kinder verwirklichte, beneiden wir sie. Für Maria gilt, was eine alte Magt einmal von der berühmten schwedischen Jugendschriftstellerin Astrid Lindgren sagte: „So 'nen Kopf müsste man haben, nichts als Einfälle drin. Sie betrachtete den Kopf der Schriftstellerin, als ob sich die Einfälle dort wie Hechte im Karpfenteich tummelten ...“ und wie bei Astrid Lindgren stimmt es auch für Maria: Die Einfälle sind eigentlich Umdichtungen ihrer Erlebnisse mit Kindern, Verwirklichungen von Kinderwünschen und Kinderträumen, und sie scheut keine Mühe, bis sie ans Ziel gelangte.

Ein selbstgefertigter Maronibratofen, mit dem man richtig Maroni braten konnte, ein wunderschöner Marktstand und viele weitere originelle, spannende Spielplätze finden sich in ihrem Kindergarten.

Nicht zuletzt gehören zum bunten Teppich der Erinnerungen die gemütlichen bis übermütigen Feste im Gartenhaus in Krattigen oder die ernsten Gespräche am runden Tisch im Seminar.

Es ist ein grosser Trost für uns alle, dass uns diese gemeinsamen Erlebnisse, diese warmen Erinnerungen, nicht genommen werden können. Sie sind stark in uns und werden uns auch weiterhin erhalten bleiben. Auch die vielen Kinder, die zu

Maria Ringgenbergs Schützlingen gehörten, tragen das Wirken ihrer Kindergärtnerin weiterhin mit sich.

Der glanzvolle Höhepunkt ihres Lebens war die Schlussfeier am 27. April 1984, mit dem von ihr geschriebenen „Der gestiefelte Kater“. Ein berndeutsches Märchen, frei nach den Gebrüdern Grimm, von Maria Ringgenberg für ein Kindertheater umgearbeitet. Ein Autounfall am 16. Mai führte dazu, dass sie sich in Spitalpflege begeben musste, wo ihre einzige Sorge war, wie es dem anderen am Unfall beteiligten gehe. Am 28. Mai erlag sie ihren schweren Verletzungen. Zum Gedenken an Frau Maria Ringgenberg konnte in der Zeitung folgendes gelesen werden:

Zwei Dörfer, Einigen und Krattigen, dazu viele Kolleginnen, Freunde und Bekannte aus nah und fern nahmen in der vollbesetzten Kirche Aeschi Abschied von der allseits beliebten und überaus geschätzten Kindergärtnerin Maria Ringgenberg, die nach einem tragischen Unfall im Alter von 54 Jahren verstorben ist. In Davos-Platz, wo ihr Vater Küchenchef des Sanatoriums war, verbrachte sie mit ihrer jüngeren Schwester die Kindheit. 1941 übernahmen die Eltern das Ferienheim Dorfberg in Langnau und später das dortige Bahnhofbuffet, während sie die Sekundarschule besuchte. Da sie nach der Schulzeit noch zu jung war für ihren Traumberuf, sollte sie auf Wunsch der Eltern Hotelsekretärin werden, bis die Zeit gekommen war, dass sie ins Kindergärtnerinnen-Seminar eintreten konnte. Dann als Kindergärtnerin war sie fünfzehn Jahre in Langnau. Man liess sie nur ungern ziehen. 1969 kam sie zur Eröffnung des Kindergartens nach Einigen. Hier lebte und wirkte sie seither für all ihre Kinder, die sie innig liebten und in unaussprechlicher Dankbarkeit an ihr hingen. Sie hatte nicht nur eine besondere Beziehung zur Natur, zu Pflanzen und Tieren, sondern war auch äusserst besorgt, um jedes Kind in der ihm eigenen Art zu erreichen, zu verstehen und zu fördern. Dank ihrer gepflegten Sprache und ihrem reichen Wortschatz, ihrer natürlichen Erzählkunst und dichterischen Begabung vermochte sie jedes Kind zu faszinieren. Musik, Gesang und Instrumente, gehörten zu ihrem ganzen Leben und Wirken. Die meisten Gegenstände im Kindergarten, Spielzeuge und Puppen, waren von ihr gemacht; denn sie hatte einen Kopf voller Einfälle. Deshalb war sie auch bei ihren Kolleginnen so beliebt und im Kindergärtnerinnen-Seminar Spiez geschätzt, indem sie viele Seminaristinnen in die praktische Arbeit einführte, von der sie selbst so begeistert war. Marie Ringgenberg verstand ihren Beruf als Berufung. In grosser Anerkennung und Dankbarkeit gedachten die Kindergartenkommission Spiez sowie das Kindergärtnerinnen-Seminar Spiez einer Kindergärtnerin, die voller

Ideen und Pläne gewesen ist, obschon sie es zeitlebens auch sehr schwer hatte; denn ihr äusserlich scheinbar ruhiges Leben war innerlich ein starkes Kampfleben. Nun ist sie von allem Schweren ihres Lebens und dieser Welt erlöst worden. Ihr letztes Abschlussfest im Kindergarten Einigen wurde nicht nur ein ganz besonderer Höhepunkt, sondern zugleich auch ein ungeahnter Gipfel ihres so intensiven Lebens und segenreichen Wirkens. Die meisterhafte Inszenierung und glänzende Aufführung des von ihr selbst verfassten Theaterstückes „Der gestiefelte Kater" wird allen, die es mitgespielt oder miterlebt haben, in unvergesslicher Erinnerung bleiben als letzte und reifste Frucht von einem dreissigjährigen Wirken in ihrem Traumberuf, der für sie zu einer Wirklichkeit geworden ist, die alles wirklich Schwere in ihrem Leben fast unwirklich erscheinen liess. Der eindrückliche Gottesdienst wurde von Frau Pfarrer Bürki-Huggler und Pfarrer Kühnrich gemeinsam gestaltet und mit herrlicher Musik und tröstlichen Liedern bereichert. Vor der Kirche lagen neunzehn kleine Blumensträusschen am Boden mit einem Zettel „Von deinen Kindern", die am Vormittag einen grossen Wiesenblumenstrauss miteinander gesammelt hatten, welcher das Grab dann schmückte.[6]

[6] Berner Oberländer, Donnerstag, 7. Juni 1984, Nr.132 – Seite 7

Der Nordluft chuttet grüsli
U üses Haselmüsli
Schlüft i sis Loubbetthüsli
macht es Winterpfüsli.

Maria Ringgenberg

Ihre Liebe lebt weiter

Das Einzige, was von einem Menschen bleibt, sind die Erinnerungen. So war und ist es auch bei der Kindergärtnerin, Maria Ringgenberg. Erinnerungen an ihr sonniges Gemüt, an ihre liebliche Art, an ihr strahlendes Gesicht, an ihr gemütliches Auftreten, aber auch an ihre körperliche Fülle und an ihren VW-Käfer, wie sie täglich mit Mühe aus diesem stieg und sich auch wieder hineinzwängte. Erinnerungen, die mit Worten ausgedrückt werden, jedoch nur ein Bruchteil davon beschreiben können, was in all den Gedanken und Herzen derer, die sie kannten, verborgen ist. Jedes Kind, jede Mutter, jeder Vater, jeder, der sie kennen durfte, war im Besitz von Erinnerungen, welche sie oder er nur ganz alleine hatte. Erinnerungen sind nicht übertragbar, sie sind im Herzen, in der Seele und können nur zu einem kleinen Teil in Worte umgewandelt werden. Worte können auf dem Weg vom Herzen zum Gehirn und von da zur Zunge verändert werden, abgeschwächt, übertrieben oder umgewandelt. Jedoch durfte ich während meiner Recherchen für dieses Buch bei allen Personen, die ich befragte, die gleiche Feststellung machen. Alle, ja wirklich alle strahlten Liebe, Freude, Ruhe und eine unbeschreibliche Zufriedenheit aus. In jedem Gesicht erkannte ich die Liebe, welche Maria in ihre Herzen einpflanzte.

35 Jahre nach ihrem tragischen Unfalltod lebt sie in vielen Herzen weiter. In Herzen, welche die Augen zum Leuchten bringen, wenn der Name Maria Ringgenberg genannt wird. Ihre Liebe lebt weiter in all den Frauen und Männern, welche das Glück hatten, in Langnau oder in Einigen ihre Liebe aufzusaugen. Eine Liebe, die sich tief in diese Kinder einpflanzte. Eine Liebe, die bis zum heutigen Tag anhält und täglich weitergegeben wird. Nicht Worte, sondern Taten und strahlende Augen bestätigen diese Aussage.

Das Wirken von Maria Ringgenberg lebt auch in einem Büchlein weiter. Im Büchlein. „Der Örgelima".

Im Vorwort zu diesem Bändchen können wir folgendes lesen: *Am 28. Mai 1984 starb Maria Ringgenberg im Alter von 55 Jahren an den Folgen eines Autounfalls. Dass die in Einigen (Gemeinde Spiez) tätige Kindergärtnerin für ihre Arbeit im Kindergarten Verse und Reime verfasste, war Kolleginnen und Freunden seit langem bekannt. Obwohl sie verschiedentlich angeregt wurde, ihre Sammlung doch zu veröffentlichen, konnte sie sich nie endgültig entschliessen. Wer Maria Ringgenberg persönlich kannte, wird sich nicht wundern, dass ihre Bescheidenheit und ihr grosses Mass an Selbstkritik sie daran hinderten, mit ihren Versen an die Öffentlichkeit zu treten. Unter dem Titel „Reimchen, gerüttelt und ge-*

schüttelt, geholpert und gestolpert, von Maria Ringgenberg" stellet sie aber eine Sammlung ihrer Verse zum eigenen Gebrauch zusammen.

Nach ihrem plötzlichen Tod im Jahr 1984 gaben die Verwandten Maria Ringgenbergs die Sammlung auf Anfrage ihrer Kolleginnen weiter. Die Sammlung beinhaltete eine reiche Auswahl von themenbezogenen Versen und Sprüchen, die sich für die Anwendung im Kindergarten eignen. Um das Material einem weiteren Kreis von Kindergärtnerinnen zugänglich zu machen, entschloss sich der Kindergärtnerinnen-Verein des Kantons Bern zur Herausgabe des vorliegenden Bändchens.

Der erste Teil des Buches enthält Verse, die aus der direkten Arbeit im Kindergarten entstanden sind. Nach Themen geordnet, findet die Kindergärtnerin hier eine Auswahl, die inhaltlich speziell auf verschiedene Themenbereiche des Kindergartens ausgerichtet ist. Im zweiten Teil ist die Geschichte „Der gestiefelte Kater" in Reimen festgehalten. Maria Ringgenberg hat dieses Kindertheater für ihre letzte Klasse geschrieben und zum Kindergartenabschluss aufgeführt. Es wäre allerdings falsch zu meinen, das Stück könne nur als Aufführung angewendet werden. Einzelne Verse und Lieder des „Gestiefelten Katers" bilden eigenständige Einheiten, die losgelöst vom Stück zur Bereicherung und Erweiterung der Geschichte aufgenommen werden können.

Wir danken allen, die beim Zustandekommen dieses Büchleins mitgewirkt haben.

Sonja Gischard für die Herausgabe der Manuskripte ihrer verstorbenen Schwester: Erika Jungi und Ursula Rösti für die Sichtung und Zusammenstellung der Verse und Reime. Katharina Nuspliger-Brand für die redaktionelle Bearbeitung und Betreuung. Regine Boser-Wyler für die Illustration des Buches.

Spiez, im März 1986

Kindergärtnerinnen-Verein des Kantons Bern

Ruth Wiedmer-Lang, Präsidentin[7]

Dem voraus ging ein Brief von Frau Ursula Rösti vom 8. August 1984, an die Schwester von Maria Ringgenberg, Frau Anita Sonja Gischard-Ringgenberg. Ein Brief, der den grossen Wunsch zum Ausdruck bringt, die Verse, Reime und Lieder zu veröffentlichen. Ein Brief, der nicht nur einen Wunsch äussert, sondern einen tiefen Einblick in Marias Wirken gibt:

Liebe Frau Gischard

Jedes Mal wenn ich in Krattigen vorbeifahre, denke ich, dass das Äusserliche des Sunnhübeli so

[7] Maria Ringgenberg, Der Örgelima, herausgegeben vom Kindergärtnerinnen-Verein des Kantons Bern, 1986, Seiten7-8

schmuck wie immer aussieht: Die Geranien blühen, auf dem verglasten Läubli grünt und blüht es auch, und der Garten sieht ebenfalls schön aus ... Und dann befällt mich die Trauer, dass es Maria nicht mehr gibt. Ich denke oft an sie; und auch im Kolleginnenkreis kommt öfters Maria zur Sprache, was sie machte und was sie jetzt wohl in bestimmten Situationen sagen würde.

Und nun komme ich mit einem Anliegen zu Ihnen, von dem Sie schon wissen. Doch zuvor muss ich etwas ausholen: Schon zu Lebzeiten Marias gelangte ich immer wieder an sie, doch ihre eigenen Verse und Sprüche einer breiteren Öffentlichkeit zugänglich zu machen. Ich hatte öfters solche Verse in ihrem Kindergarten gehört, wenn ich die Seminaristinnen bei ihr besuchte. Wenn ich nach der Quelle fragte, lachte Maria verschmitzt und sagte: „Us der eigete Chuchi!“, meinte aber gleichzeitig, das sei eigentlich nur für den Eigengebrauch entstanden und nicht der Rede wert. Hier war ich stets anderer Meinung: Die Schülerinnen sollten wissen, woher diese Verse stammen und sie auch mit dem Namen der Autorin weitergeben an Kolleginnen, nicht nur mit dem Hinweis „mündlich überliefert“.

Maria hat mir – auf mein Drängen hin – den Vers „Du chlini Chnolle i myr Hand...“(er wurde an der Abdankung verlesen) eigenhändig aufgeschrieben und ihn mir für einen Religionskurs für

Kindergärtnerinnen überlassen. Ein Anlauf, etwas ins Reine zu schreiben, gelang mit der Abschrift des Kasperstückes „Problematikum Televisia". Diese Stück schrieb Maria anlässlich einer Gemeinschaftsarbeit der Spiezer Kindergärtnerinnen 1977. Wir veranstalteten reihum in den Kindergärten Elternabende zu diesem Thema. Im Nachhinein tippte ich für Maria dieses Stück ab, auch im Hinblick, es einem Verlag zu unterbreiten.

Im letzten Frühling trat Maria als Übungskindergärtnerin zurück. Ich erinnere mich noch gut an die Abschiedsfeier. Dort sassen die Übungskindergärtnerinnen zusammen mit Maria am Tisch. Wir würdigten ihre Arbeit und sagten dann, jetzt hätte sie dann bestimmt Zeit, ihre Verse zu sichten, damit wir sie herausgeben könnten. Sie lachte danach und meinte, sie hätte eher Zeit, Crème zu kochen und uns einzuladen, die neuen Crèmeschalen auszuprobieren. (Wir hatten ihr ein Crèmeservice in Keramik geschenkt). Nun, leider ist es weder zum einen noch zum andern gekommen. Ich bedaure es sehr.

Jetzt zu meiner Bitte: Es wäre nun, d.h., den Kolleginnen, ein Anliegen, dass das wertvolle Gut von Maria, die Verse und Sprüche, Kasperstücke und Lieder, erhalten bleiben. Wir möchten sie, falls man sie findet, in einem Buch herausgeben. Ich glaube, dass wir Möglichkeiten finden würden, dies zu tun (evt. über den Kindergärtnerinnenver-

ein), und ich würde mich sehr gerne dafür einsetzen.

Es wäre mir eine Freude, auch im Nachhinein etwas für Maria zu tun, das auch über den Tod Marias Bestand hält und der Kindergartenarbeit zugutekäme.

Es würde mich freuen, von Ihnen zu hören. Vielleicht könnten wir uns sogar treffen.

Ich wünsche Ihnen und Ihrer Familie alles Gute und Grüsse Sie freundlich

Ursula Rösti[8]

Frau Gischard liess lange auf sich warten, was darauf hinweist, dass ihre Entscheidung keine Kurzschlusshandlung war und sie sich alle Mühe gab, dem Wunsch von Frau Rösti gerecht zu werden. Ende Januar 1985 wurde das Warten beendet, mit einem Brief aus Muttenz:

Liebe Frau Rösti

Endlich habe ich die aufgefundenen Versli, Spiel- und Kasperlitheater von Maria einigermassen zusammengestellt. Bei einigen bin ich mir nicht sicher, ob sie vom Maria stammen. Ich bezeichne diese Blätter mit einem Fragezeichen.

---

[8] Am 28. Januar 2019 besuchte ich Frau Ursula Rösti in Spiez, wo sie mir die Abschreiberlaubnis für ihre zwei Briefe an Frau Gischard erteilte.

Leider hatte Maria erst in letzter Zeit einige Verse aufgeschrieben. Nur die beiden Kasperlistücke „Kasper im Zirkus + Osterhaas" stammen noch aus der Langnauer-Kindergartenzeit. (man merkt es auch an der Sprache) und ich glaube fest, dass Maria diese damals auch selber geschrieben Hatte.

Ja, punkto Sprache. Sie werden feststellen, dass sich die „Berndeutsche-Schreibweise" an keine einheitlichen Regeln hält. Wäre dies erwünscht, müsste alles nochmals gründlich überarbeitet werden.

Sie hatten seinerzeit vorgeschlagen, uns eventuell zu treffen. Wäre das vielleicht einmal in Krattigen möglich, nachdem Sie diese Arbeiten von Maria durchgelesen haben?

Mit lieben Grüssen
S. Gischard[9]

In diesem Brief kommt die Sprache von Maria ins Gespräch. Die Sprache, die Maria zu dem machte, was sie war. Eine Persönlichkeit, die sich nicht in ein Schema pressen liess. Es war die Sprache einer Frau, die in Davos die ersten Wörter formte, von den Eltern hatte sie das Berndeutsch erhalten, auf der Strasse und beim Spielen mit den Davoser-Kindern einen Bündnerdialekt. Darauf folgte

[9] Archiv Einigen, Nachlass Maria Ringgenberg

in Langnau ein Emmentaler-Berndeutsch, im Hotel Dolder in Zürich bekam sie „Züritütsch“ auf die Ohren und in Ebnat-Kappel wurde sie nochmals mit einem anderen Dialekt konfrontiert. In Langnau und Einigen schrieb sie nun ihre Verse und Texte in einem erweiterten Berndeutsch. Einem Berndeutsch, das nur Maria so sprach. So kam die „Seele“ von Maria nur in ihrer Sprache richtig zum Ausdruck. Nur ihre Worte, die sich nicht an einheitliche Regeln hielt, konnten zum Ausdruck bringen, wie sie in ihrem Herzen die gesprochenen Bilder formte.

Am 28. Mai 1985 ging ein Brief von Frau Rösti in Richtung Muttenz zu Frau Gischard:

Liebe Frau Gischard,

Sie wissen, warum ich Ihnen gerade heute schreibe. In diesen Tagen dachte ich oft an Maria und damit auch an Sie. Wie oft hörte ich unter Kolleginnen: „Was, ist das schon ein Jahr seit Marias Unfall?“ – Das zeigt mir, wie wach die Erinnerungen an Maria sind und wie sehr wir sie vermissen. Das ganze scheint mir immer noch kaum fassbar.

Das „druckbare“ Vermächtnis von Maria liegt immer noch wohlverwahrt bei mir. Im Moment laufen immer noch die Abklärungen, was der Druck der Verse kosten würde. Anhand verschiedener Kostenvorausschläge möchte dann der Kan-

tonalvorstand des Kindergärtnerinnenvereins entscheiden, in welcher Ausführung der Druck erfolgen soll und wie es finanziert wird. Es läuft also etwas, wenn`s auch langsam geht. Ich hoffe, Ihnen bald weiter darüber berichten zu können.

Nun wünsche ich Ihnen viel Kraft in diesen erinnerungsträchtigen Tagen. An Marias Geburtstag werde ich ihr ein paar Blumen aufs Grab stellen.

Mit herzlichen Grüssen
Ursula Rösti

Wie aus diesem Schreiben zu entnehmen ist, war das Buchprojekt angelaufen und auf einem guten Weg, bald einen Abschluss zu finden. Im Jahr 1986 erschien das grüne Buch „Der Örgelima", berndeutsche Verse, Reime und Lieder für den Kindergarten von Maria Ringgenberg. Herausgegeben vom Kindergärtnerinnenverein des Kanton Bern. Ein Buch, das bis zum heutigen Tag in vielen Kindergärten noch zum Einsatz kommt.

Liebe Frau Rösti

Ganz herzlichen Dank für die weiteren „Örgelimanne", die ich gestern mit grosser Freude erhielt. Gleichzeitig möchte ich auch noch einmal dem Kindergärtnerinnenverein und allen Mitwirkenden danken, die mit ihrer Arbeit dazu beigetragen haben, dass dieses Büchlein realisiert wer-

den konnte. Ihnen, Frau Rösti, gebührt ein ganz spezieller Dank, da Sie die Initiative zur Herausgabe ergriffen und sich von Anfang an sehr einsetzten. Ich bin überzeugt, das Bändchen würde Maria auch sehr freuen und vielleicht wäre sie sogar ein bisschen stolz darauf.

Also nochmals vielen, vielen Dank allen, die mitgewirkt haben.

Mit lieben Grüssen
Sonia Gischard

Ihre Liebe lebt weiter, nicht nur im Buch, sondern vor allem in all den Herzen ihrer Kinder, in den Herzen all derer, die das Glück hatten, Maria begegnet zu sein. Und wenn ihr Einigen-Lied gesungen wird, ist diese grossartige Frau immer mit dabei.

Maria nahm ihr Wissen und Können mit ins Grab, doch ihre unendliche Liebe und Herzlichkeit liess sie bei ihren Kindern, in denen diese bis zum heutigen Tag weiter lebt.

Maria Ringgenberg darf nicht vergessen werden, denn jeder, der den Namen Maria Ringgenberg ausspricht, erweckt sie wieder zum Leben und sie ist für einen kurzen Moment mitten unter uns. Möge dieses schmale Buch dazu beitragen, dass der Name Maria Ringgenberg noch oft ausgesprochen wird.

I ga jetz gli i d`Schuel
I ga jetz gli i d`Schuel
I freue mi, i freue mi
I bi jetz gross u nümme chly
I ga jetz gli i d`Schuel
I ga jetz gli i d`Schuel.

I ga jetz gli i d`Schuel
Dertwott i a mim Pultli sitze
U mer d`Ohre ghörig spitze,
Dass i guet verschtah
Wie s d`Lehrere wott ha.

I ga jetz gli i d`Schuel
Wott lehre rächne, lehre läse,
Pouse mache, Gschichte lose.
I ga jetz gli i d`Schuel
I ga jetz gli i d`Schuel.

Maria Ringgenberg

Von Arthur Maibach erschienen

Novum Verlag
Ein Schriftsteller zwischen Wien Hollywood und Einigen, 2008
Hommage an Hans Müller Einigen

Weber Verlag
Einigen, der schönste Punkt der Welt, 2010

Rediroma-Verlag
Katzenstein, 2015
Eine Entmythologisierung des Kindlisteins und ein Mahnmahl der Frauenunterdrückung

Spiezer Winzer in der Pfalz, 2016
Und Massenauswanderung aus dem Berner Oberland

Der Wunderbrunnen von Einigen, 2016
Und die Wallfahrt am Thunersee

Eine Hinrichtung in Einigen? 2017
Und Reformation kontra Täufer

Lilie des Todes, 2017
Uhren-, Zeit und andere Geschichten,
Anekdoten aus meinem Uhrenatelier

Ein Kriegsopfer aus Einigen
Die Schlacht am Grauholz
Instrumentalisieren Denkmäler'

Strasse der Tränen
Erlebnisse, Gefühle und Gedankensplitter

Der Autor

Arthur Maibach, 1953, Genealoge und Buchautor, lebt und arbeitet in Einigen am Thunersee. Akademiestudium der Geschichte, FernUni Hagen. Lehrgang „Geschichte im Zeitspiegel“ und „Ahnenforschung professionell gemacht“, beide mit Abschlusszeugnis, Studiengemeinschaft Darmstadt. Er ist Verfasser einer Biografie (Hans Müller Einigen), des Heimatbuch „Einigen, der schönste Punkt der Welt“, verschiedener Texte in Büchern und Zeitschriften und den Reihen Spiezer Veröffentlichung für Geschichte und Heimatkunde und Genealogisch-Historische Veröffentlichungen.